西安小史丛书

寺庙道观

杜文玉 主编
王颜 著

西安出版社

图书在版编目（CIP）数据

寺庙道观 / 王颜著. -- 西安：西安出版社，2018.1（2021.4重印）
（西安小史丛书）
ISBN 978-7-5541-2964-7

Ⅰ．①寺… Ⅱ．①王… Ⅲ．①寺庙－介绍－西安 Ⅳ．①K928.75

中国版本图书馆CIP数据核字（2018）第023501号

西安小史丛书·寺庙道观
XI'AN XIAOSHI CONGSHU · SIMIAO DAOGUAN

主　　编：	杜文玉
著　　者：	王　颜
统筹策划：	史鹏钊　范婷婷
责任编辑：	张增兰　乔文华
责任校对：	陈　辉　张忝甜
装帧设计：	冯　波　梅月兰
出版发行：	西安出版社
地　　址：	西安曲江新区雁南五路1868号影视演艺大厦11层
电　　话：	（029）85253740
邮政编码：	710061
印　　刷：	永清县晔盛亚胶印有限公司
开　　本：	889mm×1194mm　1/24
印　　张：	6.25
字　　数：	94千
版　　次：	2018年1月第1版
印　　次：	2021年4月第2次印刷
书　　号：	ISBN 978-7-5541-2964-7
定　　价：	52.00元

读者购书、书店添货或发现印装质量问题，请与本公司营销部联系、调换。
电话：（029）68206213　68206222

序一

坊间以西安或长安历史为题的著述多矣,为何还要编写并出版这样一本"小史"?这是我在阅读《西安小史》书稿之前心中的一个疑问。可是读完之后,却有了新的认识。

长安作为历史上最具盛名的都城,其特色鲜明,内涵丰富,为世所公认。即便从世界范围看,能够与之媲美的,也不多见。古代长安曾经集中了中国文化的精华,或者说,曾经是中华文化的典型代表。无论是其思想内容,还是其表达形式,皆堪称典范。要理解中国的历史及其同世界其他地区文明的关系,特别是解读中国制度文化的历史,离开了长安这座伟大的城市,恐怕是很难找到正解的。我们完全可以说,在当代中国,地理位置居中、但在感觉上略为偏西的西安,其实是理解中国传统与文化的一把钥匙,从某种意义上说,也是理解当代中国的关键之一。由于这样的历史地位和对于人类文化发展的贡献,有很多人为其著书立说,自是理所当然。

然而,我们能够读到的关于长安或西安历史文化的书籍,还是以严肃的研究类著述居多。这样性质的论者,对于学术研究的进步当然是很好的。可是,如今社会,有很多普通的民众,对中国文化的来龙去脉,以及如何一步步走到今天并不清楚。要回答这样的问题,学者们就应当基于严谨的学术态度,而用通俗易懂的语言,将历史的真实告之世人,从而显著地缩小当代与历史的距离,培育并增进那种本应得到继承，然而事实上却有些淡漠，甚至可以说睽违已久的民族历史情感。

在我看来，这正是此谦逊地自名为"小史"，内容却丰富多彩的读物所承载的使命。读完之后，我掩卷而思，甚感作者们用心之良苦、匠心之独运。作者都是专业人士，学养深厚。有此基础，故全书概念准确，内容丰富，取舍得当，读来令人饶有兴味。一卷在手，费时不多，古长安之历史兴衰及其对于当代的影响，可以有个初步的认识，这一点，是勿庸置疑的。

然而我还要特别指出，本书与许多类似的著述所不同的两个特点。

第一，近代以来，随着社会的变迁，长安文化在许多人看来不过是一种久远的历史存在。当然，国人和世界都不会不注意到古代长安的文化遗存，但注意力更多地停留在物质的或外在的表现方面，长安文化的精神与核心却往往是被忽视的。然而本"小史"却非常重视对内在精神文化的解读，虽笔墨不多，用语也并不佶屈聱牙，然有其深意在焉。我们知道，历史上所有伟大的城市，之所以千古留名，从根本上说，是因其体现了某种足以反映时代特征的伟大思想和精神。我们说起长安，就会情不自禁地联想到汉唐气象，这说明长安具有有别于其他古代城市的特殊精神气质。而其空间格局和建筑的样式等等，只不过是其思想与精神气质的外在表现，是思想与精神气质的物化。这一点，如果本书的读者稍加留意，是一定会注意到的。

　　第二，本书作者在娓娓道来之际，给自己确定了一个相当高的学术品格。这个品格除了以严谨的态度尊重历史事实之外，还体现为其视野和胸怀。我曾在另外一个场合说过，长安学的研究应当遵循一个基本原则，即要有历史起点、当代情怀和世界眼光。所谓世界眼光，是说解读长安或西安的历史，必须要超越今日西安的空间范围。换言之，我们不能坐井观天，而必须换个角度回望自己的历史。舍此，我们其实无法准确地解读长安或西安在中国历史甚至世界历史上的地位与影响。我相信，如果读者明白了这一点，就不会对本"小史"中的某些内容远离关中中部这个相对狭小的地理空间而感到诧异了。

　　总之，这是一套好书，我愿意向各位郑重推荐。我相信借助此书，我们一定能够同作者一起，分享根植于我们灵魂深处的对于西安、对于祖国、对于人类文明的深厚情感。

萧正洪

（中国古都学会会长）

2015 年 7 月 30 日

序二

西安古称长安，是我国乃至世界著名的古都，历史文化积淀十分深厚，是各国人民来华旅游必赴的目的地之一。为了弘扬陕西及西安悠久的文化、扩大宣传，西安曲江出版传媒股份有限公司组织专家学者撰写了一套名为《西安小史》的丛书，于2016年初正式出版。这套小丛书由六册书组成，分别是《汉长安城》《隋唐长安城》《西安十三朝》《西安历史名人》《西安文化名人》《汉唐丝绸之路》等，从宏观的角度向广大读者介绍了西安的地理、历史、文化以及以长安为起点的汉唐丝绸之路的情况。丛书涉及了近三千年的历史发展变化情况以及众多的历史人物，其中有许多著名的甚至具有世界影响的人物，反映了不同历史时期西安在文化方面所取得的辉煌成就。这套丛书出版以后，引起了热烈的反响，获得了专家学者以及广大读者的好评。

由于西安地区历史文化积淀深厚，一套丛书远远不能反映其历史的全部情况，同时受《西安小史》成功的激励，西安曲江出版传媒股份有限公司遂决定继续扩充这套丛书，仍由我担任主编。这一期《西安小史》每册书反映一个主题，其主要内容如下：

《明清西安城》：主要记述了明初西安城的扩建以及明秦王府城的建立、城市内部格局的变迁，如钟楼的移建、鼓楼的兴建、增筑关城，及首次形成门三重、楼三重的严密防御体系；清代对城墙的多次修葺工程，以及对护城河的多次疏浚，满城的修建，军政机构的兴置等。除此之外，还对这一时期西安的水陆交通、园林胜迹、文化教育、宗教信仰、商业贸易、对外交流等方面的情况，都有详尽的描述。

《文物精粹》：由于西安作为中国历史上最为古老亦是建都时间最长的都城，留下了辉煌灿烂的文物珍宝，本册主要选取了其中最有代表性、大都属于国宝级的文物。每件文物作为一个专题，详细地介绍其来历、造型、工艺等，尝试通过文物反映中华民族的悠久历史和灿烂文化，展现了我们祖先高超的手工业制造水平和精湛的工艺技艺，增强民族自豪感。

《寺庙道观》：西安作为我国古代著名的都市，宗教文化十分发达，在历史上有许多世界性的宗教都在这里传播过，除了佛教、道教外，伊斯兰教、火祆教、摩尼教、景教等，都在这里留下了许多遗迹。其中以佛教与道教的遗存最多，对前者而言，西安地区曾是全国的佛教中心，在八大佛教宗派中，六个宗派的祖庭都在西安。至于道教在全国的影响也是很大的，楼观派与全真派都诞生在西安地区，隋唐时期最著名的道观大都集中于西安，曾产生过广泛的影响。其他宗教遗存也很多，如著名的《大秦景教流行中国碑》、大秦寺塔等。本册对这些宗教寺观的起始、沿革、变迁以及建筑特点、所持的宗教理论等，均详细地进行了介绍。

《历史名居》：西安作为十三朝古都，曾经有许多历史名人居住过，留下了不少建筑遗存，即使一些遗迹已荡然无存了，但是其居所的地理标识在今天仍然能够寻找得到。为了追寻这些著名人物的足迹，我们专门策划了这一选题，查阅了大量的历史资料，把历代名居情况作了详细的梳理，并且把围绕这些名居的人物和故事也作了一些介绍。

《历代陵墓》：自周秦汉唐以来，西安地区曾经埋葬了许多帝王将相，有人曾以"东方帝王谷"相称，这些陵墓见证了沧海桑田，也留下了历史的斑斑印记。其中最著名的有黄帝陵、秦始皇陵、汉阳陵、汉茂陵、汉杜陵、唐昭陵、唐乾陵等。此外，还有大量的历史名人墓，如扁鹊墓、白起墓、霍去病墓、董仲舒墓、魏徵墓、上官婉儿墓、郭子仪墓、杨贵妃墓等。即使在两宋、明清时期，西安也有不少名人墓，如寇准墓、张载墓、明秦王墓群、李柏墓、王鼎墓等。本册主要围绕着这些陵墓，对其地理方位、墓葬特点、人物故事，包括陵墓园区内的石质雕塑的艺术特点等，都进行了较为详尽的介绍。

除了以上这些情况外，从总体上来看，这一套丛书还具有以下几个方面的共同特点：

首先，丛书依照《西安小史》的编撰特点，每册书约有百十个条目，每个条目约有数百字，把这一专题的相关内容简明扼要地介绍出来。因此，文字流畅，内容精练，知识性强，是本丛书的鲜明特点。

其次，每册书均收有数十幅非常精美的相关图片，与专题的内容十分切合，有助于读者更加直观地了解相关历史知识。因此，图文并茂，简明易懂，是本套丛书的又一个明显的特点。

再次，知识性强，信息量大。我们这套丛书的作者都是西安地区高等院校、文物考古部门的专家学者，均有博士学历，具有多年的教学或研究经历，在各自的相关领域取得了可喜的研究成果，且年富力强，思想敏锐。他们长期在西安当地工作，对本地的历史文化有着透彻的理解，掌握了丰富的资料，承担这套丛书可以说是驾轻就熟、得心应手。这也是我们对这套丛书有信心取得成功的一个重要原因。

需要指出的是，本套丛书与相关学术著作有着很大的不同，除了都强调科学性、知识性外，简明扼要，追求历史文化知识的普及性，最大限度地为广大读者服务，促进西安地区旅游事业的发展，弘扬我国悠久的历史与文化，是我们的重要目的。

杜文玉

（中国唐史学会副会长、陕西师范大学教授）

2017年11月17日

目 录

佛教寺庙

海莲寺 1

法门寺 2

卧龙寺 3

大兴善寺 4

百塔寺 6

敦煌寺 8

草堂寺 9

净业寺 11

清凉寺 12

青龙寺 13

大阿弥陀寺 15

法云寺 16

懿德寺 17

至相寺 18

悟真寺	19
日严寺	20
丰德寺	21
净影寺	22
禅经寺	23
仙游寺	24
清禅寺	26
宝庆寺	27
大庄严寺	29
圣寿寺	30
温国寺	32
感业寺	33
洪福寺	34
太原寺	35
卧佛寺	36
兴圣寺	37
观音禅寺	39
彬县大佛寺	40
弘福寺	42
翠微寺	43

大慈恩寺 45

西五台 46

归元寺 47

华严寺 48

法幢寺 50

龙泉禅寺 51

灵感寺 51

鹤林寺 52

西明寺 53

资圣寺 55

兴教寺 56

光宅寺 57

香积寺 59

荐福寺 61

罔极寺 63

瑞光寺 65

大安国寺 66

兴国寺 67

保寿寺 68

章敬寺 69

宝应寺 70

三阳寺 71

石佛寺 72

牛头禅寺 73

平等寺 75

万寿寺 76

水陆庵 78

广仁寺 80

道教宫观

青华宫 82

楼观台 83

丹阳观 85

镐京观 86

骊山老母宫 87

赵公明财神庙 88

太白庙 90

玄都观 90

至德观 92

开元观 92

五通观 94

安乐宫	95
广泰庙	96
昊天观	97
东明观	98
老君殿	98
太平观	99
太清观	100
景龙观	101
玉真观	102
金仙观	104
明圣宫	105
咸宜观	106
兴唐观	107
唐昌观	108
太清宫	109
华封观	110
回元观	111
华阳观	112
乾元观	113
玉晨观	114

望仙观 115

龙兴观 117

归真观 118

灵泉观 118

东岳庙 120

化羊宫 121

万寿八仙宫 122

湘子庙 124

重阳宫 125

都城隍庙 127

玉蟾台刘海庙 129

其他类寺院

大秦寺 130

后记 133

佛 教 寺 庙

海莲寺

　　海莲寺，古称海神洞，是佛教净土宗寺院，位于西安市长安区西南的潏河北岸水磨村西。

　　据说秦二世胡亥在位时（前209—前207），丞相赵高建议修人工河，以杜绝阿房宫的水患。秦二世同意了，遂用韦杜地区的万顷良田，修筑了一条人工河。河道修通之初，所出之水鲜红如血，流淌7天方止。当时的人们认为这是海神的元神所在，于是在此修建寺庙以祭祀，即海神洞。元仁宗时（1312—1320），有位僧人名明清大师，在海神洞的基础上修建了佛寺，当时寺院占地6.67万平方米，寺内殿宇达70余间，规模颇大，并改寺名为海莲洞。元末明初，智圆和尚又将海莲洞改建，并更名为海莲寺。其后，此寺屡遭兵灾，日渐衰落。清朝末年，慧通和尚募资对寺院进行了重修。可惜在"文化大革命"期间，寺院遭到严重破坏，殿宇楼阁无一幸存。1981年，在住持森亮和尚的主持下，该寺得到大规模重建。新建的寺院为园林式建筑，占地达1.13万平方米。大雄宝殿、念佛堂、钟鼓楼等无一不备，还新塑了18尊菩萨像。现在的海莲寺香火旺盛，游客如云，日本的佛教人士亦前来朝圣。

法门寺

  法门寺是唐代的皇家寺庙,位于宝鸡市扶风县城北的法门镇,是全国重点文物保护单位。

  公元前3世纪,统一古印度的阿育王为了弘扬佛法,将佛骨舍利分成84000份,分送世界各地建塔供奉,其中中国有19处,法门寺为第5处。此寺因佛指舍利而置塔,又因塔而建寺。据传寺院始建于东汉明帝永平十一年(68),原名阿育王寺,隋朝时改称"成实道场"。隋朝末年,此寺遭遇火灾,寺塔皆被焚毁。唐高祖时寺院改称"法门寺"。贞观年间(627—649),对寺塔进行了重修,建造了一座4层木塔。塔建成后,命名为"真身舍利宝塔"。此寺在唐朝达到全盛,曾6次开塔迎请佛骨。每次迎送活动声势浩大,万民欢呼,连皇帝都

法门寺

顶礼膜拜。宋代法门寺规模也很大；明、清两朝时此寺虽有所衰落，但仍得到当地官民的较好维护。明隆庆三年（1569），木塔坍塌，遂于万历七年至三十七年（1579—1609）在原塔基上建起了一座高47米的13级八棱砖塔。1981年因连降大雨，宝塔崩塌。1987年，重建清理宝塔地基时，意外地发现了深埋于塔下的地宫，面积31.48平方米，这是迄今为止发现的规模最大、等级最高的塔下地宫。更珍贵的是从地宫中出土了埋藏千年的佛指舍利、铜浮屠、八重宝函等2000余件保存完好的佛教宝物和大唐珍品。其中佛指骨是目前世界仅存的佛指骨真身舍利，其他文物也均为世所罕见的珍宝。这是继半坡和秦兵马俑之后我国又一次重大的考古新发现。

卧龙寺

卧龙寺位于西安市碑林区柏树林街东侧，是国务院确定的汉族地区佛教重点寺院。

此寺始建于汉灵帝时（168—189），初命名"福应寺"，隋朝时称为"福应禅院"。唐朝时，因寺内供奉了一尊由唐代著名画家吴道子所画、后被刻于石上的观音像，又称为"观音寺"。宋初有位叫惠果的高僧住持寺庙，因其终日高卧，时人称之为"卧龙和尚"。宋太祖曾多次前往卧龙寺，与高僧相谈甚欢。宋太宗时（976—997），寺庙又改称卧龙寺。历史上的卧龙寺主要以研习禅宗为主，但亦传播其他宗派，因此被称作"各宗并弘道场"。

卧龙寺在历史时期曾经过多次修缮，尤其是元明清时期，政府多次重修卧龙寺庙宇，敕赐经书。今天寺内保存的诸多石碑，很好地记载了这段历史。1900年，八国联军攻陷北京，慈禧太后与光绪皇帝前往西安避难。慈禧太后不仅布施千两银钱重修了卧龙寺，还惠赐了亲笔书写的"慈云悲日"、"三乘迭耀"和"敕建十方卧龙禅林"等匾额给寺院。而西藏、蒙古的喇嘛、王公们给慈禧进贡各类贡品及佛像等，其中的佛像全部被送往卧龙寺供养，并保存至今。"文化大革命"期间，卧龙寺惨遭毁坏。1994年后，卧龙寺又重整殿宇，整修佛像，重现了当年的胜景。今天的卧龙寺内碑石林立，文物荟萃，既有《佛足迹碑》《吴道子画观音像碑》，还有明代的《卧龙历史碑》等。这些保存完好的石碑，既是研究唐朝及明清时期卧龙寺的重要史料，也具有很高的绘画和书法价值。

大兴善寺

大兴善寺是隋唐时期著名的皇家寺院之一，也是佛教密宗的祖庭，位于唐长安城靖善坊内（今西安市雁塔区兴善寺西街）。

此寺始建于晋武帝泰始二年（266），原名"遵善寺"。隋文帝开皇二年（582）对其进行了扩建，并更名为"大兴善寺"。隋代的大兴善寺规模宏大，装饰华丽，为"京城之最"。

大兴善寺

寺内还设有译场，开皇年间（581—600）号称"开皇三大士"的3位异国高僧那连提黎耶舍、阇那崛多和达摩笈多先后在此主持译经。唐玄宗时，更有号称"开元三大士"的古印度高僧善无畏、金刚智、不空相继在此寺翻译密宗典籍共计500余部，并传授密宗，使此寺成为当时长安翻译佛经的三大译场之一，也是中国佛教密宗的发源地，更是中印文化交流的重要见证。日本僧人圆仁、圆珍等都曾在此寺学习密宗，并将密宗传播回日本，使密宗在日本广为流传。不空之后，一行和尚也曾在此寺做住持，并研习密宗及天文、数学等。

唐武宗会昌年间（841—846）火佛时，大兴善寺亦遭损毁，寺内僧人被勒令还俗，寺院陷入沉寂。不过宣宗以后历代屡有重修，尤以康熙年间（1662—1722）的修复力度最大。现存寺院大致保持了明代的建置，寺内珍藏有《开元三大士传略》，为研究此寺和密宗历史的宝贵资料。另外，还保存了唐代的铜佛像、宋代的造像和历代的碑石，以及清朝光绪皇帝亲书的"觉悟众生"匾额。今天，寺院被列为陕西省重点文物保护单位，也是国务院公布的汉族地区全国重点寺院之一。寺内古色古香的建筑和遮天蔽日的古柏，更使其成为中外游客旅游观光之胜地。

百塔寺

百塔寺是中国佛教三阶宗祖庭，位于西安市长安区终南山北麓王庄乡天子峪口（古称御宿川梗梓谷）。

此寺始建于西晋太康二年（281），原名"淳化寺"。隋开皇十四年（594），风行民间的三阶教创始人信行禅师卒后葬于此寺附近，其弟子在此地为其修了舍利塔，建信行禅师塔院。后来信行禅师的追随者也多来此地修行，并在死后葬于信行塔左右。如唐代礼部尚书裴行俭和他的妻子生前都信奉三阶教，死后也都葬在了信行塔附近。因为葬在信行塔附近的三阶教信徒很多，时间久了，便形成了数以百计的小塔，故唐大历六年（771），此寺改名为"百塔寺"。宋太平兴国三年（978），又改名"兴教院"，后又恢复为百塔寺。宋代时，寺内仍有累累小塔。百塔寺景色宜人，是历代文人雅士的游览胜地。东晋王羲之曾在此写过《心经》，石碑现保存在西安碑林博物馆；北宋的苏轼也曾借宿在此寺；明清时期亦有人作诗吟诵百塔寺。此寺在隋唐时期达到鼎盛，占地千余亩，殿阁雄伟。明清时期，曾对寺庙进行修缮。康熙年间（1662—1722），曹洞宗第三十世灵源紫谷大和尚住持此寺时，使寺

百塔寺

院重新兴盛起来。紫谷和尚去世后，就葬在了百塔寺。清同治元年（1862），终南山一带寺院多毁于战火，百塔寺亦不能幸免。现在的寺院除新修的殿阁外，还保存有刻于唐贞观五年（631）的《化度寺故僧邕禅师舍利塔铭》、总章三年（670）的《道安禅师塔铭》及开元四年（716）的《太常协律裴公妻墓志》等碑铭。殿后还有一株隋唐时期种植的古银杏树，高约30余米，树围超过18米，枝繁叶茂，是此寺的活见证。

敦煌寺

敦煌寺是西安目前保存下来的古老寺院之一，位于西安市西北10千米处。

该寺始建于西晋太康七年（286），其创建者为竺法护。竺法护原籍月氏，出生于敦煌，8岁时出家拜外国沙门竺高座为师，勤习经书，每日诵经万言，还随师父游历西域各国，精通各国语言。因当时中国内地大乘经典稀缺，竺法护便带着大量佛经，来到长安青门外创立佛寺，弘扬佛法，翻译佛经。因为竺法护世居敦煌，人称"敦煌菩萨"，故他创立的寺院也被称为"敦煌寺"。在竺法护翻译的大量经典中，有《正法华经》《光赞般若》《渐备一切智经》《弥勒成佛经》等重要经典。竺法护是中国佛教史上第一位大规模翻译佛经的人，敦煌寺也是中国佛教史上第一个大规模翻译佛经的场所。金代对此寺进行了重修，大定二年（1162），金世宗还御赐寺额"圣严禅寺"，故此寺又名"圣严寺"。明清时期，寺院进行过多次修缮。清康熙四十四年（1705），康熙帝敕令在长安城内修建藏传佛教广仁寺。敦煌寺当时的住持是修习藏地密法的尚经巴喇嘛，他认为两寺法味相同，便举全寺所有地产归广仁寺管理。从此，敦煌寺成为广仁寺的下院。1949年后，寺院尚有一定规模，寺内有一座名为"敦煌砖塔"的7级古塔，六角形，高约20米，底层每边长约2米，檐下每面有5块动物造像的砖雕，4层以上每角都有风铃，砖表土心，不能登临。"文化大革命"期间，寺院殿堂多被毁坏，今天该寺留存的佛教建筑已经残破不堪，古塔也被岁月严重侵蚀，风铃坠落，塔身字迹依稀可辨。

草堂寺

草堂寺是中国佛教八宗之一三论宗的祖庭，也是长安几个佛教译场中出现最早、持续时间最长、规模最大的寺院，位于唐长安城西南鄠县圭峰山下（今西安鄠邑区草堂营村）。

此寺原是后秦皇帝姚兴在长安城西南所建的逍遥园，弘始三年（401），崇信佛教的姚兴迎请龟兹高僧鸠摩罗什来到长安，居住在逍遥园中翻译佛典。鸠摩罗什在草堂寺中译经13年，教授弟子3000人，其所翻译的94部佛经中既有佛教著名的《妙法莲华经》，还有"中观三论"——《中论》《百论》《十二门论》，其中《妙法莲华经》被后世誉为"佛经之王"，而"三论"则是隋唐高僧吉藏创立三论宗的主要依据，鸠摩罗什因此被奉为三论宗始祖，草堂寺也被奉为三论宗祖

草堂寺

庭。唐代的三论宗曾盛极一时,但鸠摩罗什之后只传了几代,便不再有大师出现,日渐衰微,到"会昌法难"之后便湮灭无闻。三论宗在唐代传入日本,日本僧人入唐学习三论后回国建立了日莲宗,日莲宗的信徒也将草堂寺视为其在中国的祖庭,并尊鸠摩罗什为始祖。

除了鸠摩罗什,草堂寺千余年来高僧辈出。唐代中叶时,华严宗五祖宗密也曾在草堂寺著书讲学,弘扬佛法,并一度改名"栖禅寺",但旧寺名仍被沿用。唐代以后,该寺屡遭兵火。宋初重建后改称"清凉建福院",但草堂、栖禅二名在金元以后仍然沿用。清同治年间(1862—1874),寺院在战火中殿宇全毁。1949年后草堂寺重建,并修缮一新。草堂寺现在保存了一座唐代所建的鸠摩罗什舍利塔,又称"八宝玉石塔",高约2.5米,雕饰精美。另外寺内还有一口"烟雾井",因烟雾升腾形成的"草堂烟雾"是著名的长安八景之一。此外还有明代的铁钟、典藏贝叶经及唐太宗草堂寺诗碑等许多文物古迹,是佛教旅游胜地。

净业寺

净业寺是唐代"樊川八大寺"之一,也是中国佛教八宗之一律宗的祖庭。位于西安市长安区终南山北麓,是国务院确定的142座汉族地区佛教全国重点寺院之一。

此寺始建于隋文帝开皇元年(581),唐初成为高僧道宣潜心修行并弘扬律宗的道场,因而成为律宗的祖庭。道宣律师号称秉持天下第一,声名远播印度,净业寺也因而达到极盛。印度高僧善无畏和金刚智先后慕名来到长安与道宣探究佛理。道宣门下弟子千人,著名的有大慈、文刚等,其再传弟子鉴真还把律宗传到日本,成为日本律宗的始祖。乾封二年(667),道宣律师圆寂,其弟子为其在寺后峰顶修建了舍利塔以作纪念。唐高宗命名匠韩伯通为其塑像,并令天下寺

净业寺山门

院供奉道宣律师画像。后人因其长居终南山，尊称他为"南山律师"。道宣之后，净业寺逐渐衰落。直到明朝，住持云秀、本泉等人先后募资对寺院进行了修葺。明世宗嘉靖三十四年（1555），道宣舍利塔在地震中倾倒，明穆宗隆庆元年（1567）对其进行了重建，康熙五十二年（1713）又进行了重修。清康熙二十年（1681），严安禅师在此寺弘扬佛法，他去世后也在此建立了舍利塔，以资纪念。从1921年到1949年间，福建僧人智海在此寺任住持，他经多方努力，募资为寺院置田产、维修寺庙，使寺院得以延续。"文化大革命"时，寺院尽毁，佛像经典全部遗失，道宣塔也被拆除。现存的道宣律师塔1987年仿旧式重建的，是5层平面六角密檐式砖塔，通高约6米，底层边长1.2米，南面开有券门，上面每层每面正中都开有券龛，朴实无华。

清凉寺

清凉寺是隋唐古刹，位于西安市长安区韦曲镇上塔坡村北边的少陵原畔。

此寺始建于隋开皇元年（581），历史上曾数易其名，分别为"真寂寺""崇福寺""化度寺"等。金大定二年（1162），法演法师募资对寺庙进行了重修和扩建，后被金世宗敕封为清凉寺，遂沿用至今。昔日的清凉寺殿堂雄伟、法相庄严，寺内松柏成林、信徒云集，是华严宗四祖清凉国师弘扬华严宗的重要道场。三阶宗创始人信行禅师也曾在此设立三阶道场。原中国国民党主席连战的祖母墓园就在清凉寺南邻。

　　清凉寺在1912年以前保存较为完好。民国时期，寺院规模仍然相当可观，占地约5.3万平方米，其中建筑面积1万平方米，分南北两院，南院有僧房三间及大雄宝殿，殿内有一尊玉制的弥勒佛，造型精美，现保存于西安碑林博物馆内。另外寺内还保存有民国二十三年（1934）智郎法师驻锡此寺时刻制的"古清凉寺"青石门额一通。"文化大革命"期间，寺院被严重毁坏，殿堂多被拆毁。1996年以后，清凉寺获得重建，重建后的寺院依清凉山山势呈五重梯进式，第一重是山门，第二重是天王殿，第三重是大雄宝殿，第四重是法堂、藏经楼，第五重为清凉国师塔。整体风格古朴、典雅。寺院秉持古风，弘扬华严一乘教法，并于每月的第一、三个星期天传授八关斋戒。现在的清凉寺已被郁郁葱葱的清凉山森林公园层层环绕，是市民休闲娱乐的好去处。

青龙寺

　　青龙寺，又名石佛寺，位于今西安市城东南的乐游原上，唐时属延兴门内新昌坊。

　　此寺始建于隋文帝开皇二年（582），初名"灵感寺"。唐龙朔二年（662），城阳公主患病，请苏州和尚法朗诵《观音经》得以痊愈，公主遂请改名为"观音寺"。景云二年（711）又改名青龙寺。会昌五年（845），唐武宗灭佛，长安城许多寺院遭禁毁，青龙寺亦未能幸免。然而第二年，寺院又被恢复，

青龙寺

并改名为"护国寺"。大中九年(855),长安左右两街添置寺院8所,该寺又恢复原名。

　　青龙寺在唐代中期处于极盛时期,著名的密宗大师惠果曾长期驻锡于此,讲经布道。当时还有不少外国僧人来此学习,尤以日本僧侣居多。著名的"入唐八家"中的空海、圆行、圆仁、惠运、圆珍、宗叡都曾在此修习佛法。日本空海大师正是在此拜密宗大师惠果为师,学到了密宗真谛,回国后创立真言宗,成为"东密"祖师。因此,青龙寺可谓是日本佛教真言宗的祖庭。此外,诃陵国(今印度尼西亚爪哇岛)僧人辨弘,新罗僧人惠日、悟真也曾在此师从惠果学习密宗教法。故青龙寺是向外传播佛教密宗最有影响力的寺院之一,声名远播海外。然而北宋元祐年间(1086—1094),青龙寺遭到破坏,此后逐渐湮灭。1963年,在原址上对青龙寺进行了部分重建。重建后的青龙寺分东西两处,还有日本捐资修建的大型仿唐建筑——惠果、空海纪念堂等。此外,青龙寺还种植了从日本引进的千余株樱花树,每年三、四月间,姹紫嫣红的樱花争相盛开,成为今天中日游客神往的观光胜地。

大阿弥陀寺

大阿弥陀寺是一座千年古刹，位于今天的西安市灞桥区席王街道杨圪塔村南，南靠白鹿原，北临灞河，西至原隋朝所建立的青风寺，东临汉文帝霸陵，风景秀丽，幽静雅致。

大阿弥陀寺布局独特，依白鹿原坡势而建，自下而上形成阶梯状。占地约 20 万平方米，面积广大，气势宏伟。因其坐落于山窝，看起来就像一把座椅。

此寺历史悠久。唐景云年间此寺规模最为宏大，前后殿宇林立，有天王殿、伽蓝殿等殿宇，还有左右僧房以及钟楼、鼓楼，建筑精美，金碧辉煌。寺内松柏茂盛，还有不少来自异国他乡的珍奇植物。可惜随着时间的流逝，这些壮观景象全部毁于兵灾。

2006 年，在寺院住持上源下慧大和尚的组织下，寺僧募集资金开始对寺院进行了重建。经过两年多的努力，大阿弥陀寺终于焕然一新。新建成的大阿弥陀寺有大雄宝殿、接引殿、观音殿等殿宇，还有可容纳千人的念佛堂、可居住上百僧人的三学楼及万佛楼等建筑，其中大雄宝殿是西北地区较大的木质殿堂，门梁全为纯手工雕刻，精美而古朴。

现在的大阿弥陀寺，是陕西省规模较大的寺院，属于二僧寺院，原上为僧人，原下为尼众。寺内花木繁盛，生机盎然，环境优雅，是古城不可多得的佛门清修之地。

法云寺

法云寺位于唐长安城宣平坊西南隅。此寺初建于隋朝，本来是隋太保薛国公长孙览的旧宅。开皇三年（583），隋文帝为郧国公韦孝宽追福而将长孙览之旧宅改立为寺，最初称为"法轮寺"，此后数易其名。此寺虽是在皇帝敕令下修建的，但在隋朝和初唐影响并不大。

嗣圣元年（684），武则天以避皇嗣李旦之本名李轮为由，命令将法轮寺改为"法云寺"。神龙元年（705），中宗即位，皇后韦氏仿效武则天，利用宗教为其掌权制造舆论。神龙三年（707），韦氏上尊号"顺天翊圣皇后"。为了与自己的称号相匹配，第二年她就下令改法云寺为"翊圣寺"。景云元年（710），相王李旦登基，将翊圣寺恢复为旧名法云寺。此后直到会昌年间，法云寺都未更名。

会昌灭佛时，法云寺也在被禁之列，但随着宣宗上台，长安再兴佛教，一些损毁不严重的寺院得到了修复和改名。法云寺就是此次被修复的两所尼寺中的一所，不过修缮后此寺易名为"唐安寺"，并沿用至唐末。

法云寺虽数易其名，但其在唐代属于官寺行列，一直与唐王室保持了密切联系，其住寺诸尼大多为士族官僚家庭的女眷，具有一定的学养，故而在佛法研习上也多有造诣。从出土墓志来看，其住寺尼辩惠、广惠、超寂、证真、昙简等，多跟随北宗名师学习禅法，是唐代北宗禅法在长安地区传播的一所重要寺院。

懿德寺

懿德寺位于唐长安城延寿坊南门之西。此寺原名"慈门寺",是隋开皇六年(586)刑部尚书万安公李圆通建造的。

唐初,此寺仍香火旺盛。永徽三年(652),高僧无极高到长安,高宗令其居住在慈门寺。唐中宗神龙元年(705),为了给懿德太子追福,对慈门寺进行了改建装饰,并改名为懿德寺。懿德太子李重润,原名李重照,是唐中宗的长子。大足元年(701),李重润因与妹妹等人议论其祖母武则天的隐私而被杀,时年19岁。中宗即位后,追赠已故的李重润为懿德太子,并为其设立寺庙追福,即懿德寺。此寺有寺主、上座、都维那僧等,另外还有专门的僧人,如郑智度就曾为懿德寺僧。

隋唐时期,此寺为三阶教道场。寺内绘有神像和精美壁画,中三门东西绘有《华严变》等经变画,三门西廊东是唐代著名画家陈静眼所绘的山水画,陈静眼尤其擅长画地狱山水。寺内还有一个重达500斤的大石臼,据说是隋朝末年鄠县沙门法通从终南山扛来的。法通和尚年轻时身体较弱,屡遭同伴轻视,便发愤锻炼,强健身体。

1997年3月,西北工业大学附属小学校园内出土了《唐智藏禅师舍利塔铭》,塔铭记载了智藏禅师于唐武德七年(624)圆寂,其弟子僧献、小昙等为智藏禅师在慈门寺内建立灵塔一事。

至相寺

至相寺又名国清寺，是中国佛教华严宗的祖庭之一，位于西安市南郊长安区的天子峪内。

此寺始建于隋文帝开皇初年，由静渊禅师所建。寺院初建之地窄小狭隘，又靠近山谷，很难容纳众多信徒前来聆听佛法。后在静渊禅师师父灵裕法师的支持下，将寺院搬到了今天的位置。寺院坐西向东，居高临下，周围树木环绕、百泉汇流，景象秀美，寺院长期保持兴盛不衰。相传唐高宗李治就出生在峪内，唐太宗李世民也多次前往寺中进香，在距寺院4千米处的山顶还建有避暑行宫唐王寨。隋唐时期的至相寺达到了鼎盛阶段，高僧辈出，既有静渊这样京城推仰的高僧大德，也有华严宗初祖杜顺及其弟子华严宗二祖智俨等长年在此修习。龙朔二年（662），海东初祖新罗国僧人义湘来唐朝求学，也到至相寺跟从智俨学习《华严经》，与他一起学习的还有后来确立华严宗思想体系的法藏法师。义湘回国后弘扬智俨等人的学说，成为海东华严初祖，而法藏与义湘的同窗友谊也成为中朝佛教文化交流史上的佳话。至相寺周围的山川也是"福地"，京城不少高僧大德圆寂后都归葬这里。寺内现在还保存有清朝紫谷国师的涅槃塔。紫谷大德是"曹洞正宗第三十法嗣"，康熙帝曾拜他为国师。他晚年在至相寺隐居，寺名也因之改为"国清寺"。

"文化大革命"期间，寺庙遭到破坏。改革开放后，在各方资助下，此寺得到了大规模重建，重现往日风采。

悟真寺

悟真寺因善导大师在此创立净土宗，而被认为是中国佛教净土宗的祖庭之一，位于西安市蓝田县城东的王顺山。唐代著名诗人白居易、王维等人都留下了专门吟诵此寺的诗句，特别是白居易的《游悟真寺》130韵长诗，堪称中国古代描写寺院的"长诗之最"。

悟真寺分为上下两寺，上寺位于悟真岭西边的山崖上，下寺在悟真峪口外的蓝水南岸。此寺年代久远，其建寺历史可追溯至西晋以前。隋文帝开皇十四年（594），高僧净业奉诏对此寺进行重建，并正式命名为"悟真寺"。隋唐时期，此寺历经扩建，成为拥有上下两院的大规模寺院群落，殿宇楼阁共4000多间，还拥有5000余亩的田产。僧众上千人，高僧大德云集，其中净土宗的创始人善导，以及高僧净业、静藏、法诚、慧远等，都曾在此静修。善导大师被尊为"弥陀化身"，名传千古，因其常住终南山悟真寺，号称"终南大师"或"光明大师"。善导大师住持悟真寺期间，著书立说，弘扬佛法，赢得信徒无数，也使悟真寺成为净土宗的根本祖庭和根本道场。至今这里还有善导洞，应是当年善导大师修行的地方。净业和静藏大师曾在鸿胪寺四方馆教授过外来留学僧，故此寺在隋唐时期还成为日本与朝鲜半岛留学僧和留学生的常驻之地。这些学问僧将善导大师的著作带回日本后，在日本成立了净土宗，并建立了数十家以"悟真寺"、"善导寺"或"光明寺"冠名的寺院。唐武宗灭佛时，悟真寺也遭到破坏。此后历朝对其屡有修缮。1949年后，寺院进行了重建，继续弘扬佛法。

日严寺

日严寺位于隋大兴城东南隅的青龙坊。此寺约建于隋文帝开皇十二年（592）到十七年（597）间，是隋代极负盛名的佛寺。

隋初大兴佛教，但受北周抑佛的影响，京城内高僧极少，因此隋立国之后，不断从外地延请高僧入京。特别是晋王杨广攻灭南陈后，从江南召请大量高僧，以融合南北佛法之异。而日严寺正是南方僧人在京城的聚集地。仁寿元年（601），时为晋王的杨广用为自己建造宅第的木材修缮扩建了日严寺，并广召天下名僧前来居住。名僧吉藏、智炬、慧頵等先后受召至京师，并被敕住此寺，著书立说，讲授佛法。随着吉藏、智炬的入住，原来盛行于南方的三论学，也被传到了长安。吉藏还在长安最终完成了他佛教思想体系的纲领性著作——《中论疏》、《百论疏》和《十二门论疏》，弘扬三论宗教义，使长安也成为三论宗的中心。此寺的江南名僧还有法澄、道庄、智脱等人，他们一起把南方的佛教义学传到了北方。日严寺除了南方高僧云集外，也有北方的名僧，如彦琮，他是北方的义学名僧，讲经著述，誉满京师。隋炀帝重修日严寺后，请其前往入住，讲习佛法，翻译整理佛经。此寺人数最多的时候大约200余人，但大多是来自南方的高僧。寺内还珍藏了许多来自南朝的文物典籍，如金陵长干塔下的佛舍利，还有相传为梁武帝的头发、指甲和庐山西林寺的天竺石影像。此寺虽是南北方佛教的融合之地，但存在时间却极短，唐高祖武德七年（624）即下令废弃，从建造到废弃仅约30年。当时还住在寺内的南僧慧頵和道宣等师徒10多人被敕命移居长寿坊桂阳公主为驸马建造的崇义寺,寺内殿宇也被官府没收。此寺虽存留时间极短,但在隋唐佛教发展史上却具有独特的地位和不可取代的作用。

丰德寺

丰德寺是南山律宗的祖庭,在中国佛教史上占有重要地位,位于西安城南沣峪口的东山坡上。

此寺始建于隋代,寺名是隋文帝御赐的。唐高宗永徽年间(650—655)对寺院进行了重修。唐代高僧智藏、道宣、圆测都曾在丰德寺居住过。智藏法师是此寺的创建者,后来道宣律师也长期在此寺中弘扬佛法,并完成了《四分律含注戒本疏》、《四分律删补随机羯磨疏》及《四分律删繁补缺行事钞》等3部律学重要著述。这些著述不仅影响了中国律宗的发展,还流传到了海外,产生了巨大的影响,因此丰德寺又名丰德律寺。圆测法师圆寂后,曾分骨葬在丰德寺岭上,后来宋政和五年(1115)又从丰德寺分骨至兴教寺,在玄奘法师塔的左边为其建造新塔。根据寺内保存的碑石记录来看,清朝乾隆五十八年(1793)、光绪十九年(1893),分别由当时的住持通慧和颍川等重修寺院。1949年后,寺院还保存较完整。1960年丰德寺改为尼寺。"文化大革命"期间,寺院殿宇和文物均惨遭破坏。1986年,寺院僧尼多方募资,重修了殿阁。现在的丰德寺新建有大雄宝殿5间,殿前有韦陀殿、斋堂等建筑。寺内保存下来的文物有：金刚经幡1座，因年代久远，上面的字迹已无法辨认；另有清代碑石2块；寺院南面安葬历代住持的塔林中还有智苴、道宣、圆测3位大师的舍利及3座明代瓶式喇叭铁塔。寺内古木参天，郁郁葱葱，成为关中一大胜迹。

净影寺

净影寺位于长安城通化坊。此寺是隋文帝在长安专为慧远和尚所建的寺院。

慧远和尚祖籍甘肃敦煌，是南北朝至隋初的高僧。北周武帝灭佛时，慧远勇敢地向武帝提出抗议，积极保护佛教经典。隋初大兴佛法时，隋文帝从全国选拔了6位德高望重的僧人入京统管天下僧尼，慧远位居第一。入京之后，隋文帝选择京城中最繁华的地段为其置寺，使其能够在京城安心讲学，弘扬佛法。慧远在净影寺讲法时，学识渊博，精通文理，吸引四面八方的信徒络绎不绝前来求学，被公认为天下第一高僧。他与天台宗开山祖师智𫖮和三论宗吉藏被合称为"隋代三大师"。为了与东林寺的高僧慧远相区别，人们又称他"净影寺慧远"。受慧远的影响，隋文帝时期，净影寺成为长安的佛教中心之一。慧远对净土宗和地论宗的贡献都很大，他为净土宗经典《无量寿经》所作的义疏，对净土宗影响很大。同时他还第一个提出统一的净土分类说，成为净土思想系统化的首位探索者。

慧远的师父慧光是地论宗的开宗者，慧远秉承其师之说，成为相州南道地论宗的开山之祖。慧远在涅槃学的发展中也占有重要地位，他根据《起信论》，对涅槃做出具有创新意义的揭示。他在《大乘义章》中提出了"性净涅槃""方便净涅槃""应化涅槃"的概念，是借用了《起信论》真心体相用的思想。这与以前其他各家对涅槃的理解完全不同，具有典型的中国佛教特色。他撰写的10卷《大般涅槃经义记》，也是涅槃学发展中的重要著作。开皇十二年（592），慧远圆寂于净影寺。慧远的弟子善胄、灵璨等，在他死后担任涅槃学众主，继续统领净影寺僧众，使此寺在唐代仍然具有重要地位。唐末五代时期，受战乱影响，净影寺屡遭战火，逐渐废弃。

禅经寺

禅经寺是唐代樊川八大寺之一，位于长安区杜曲镇樊村与小江村之间的神禾原北崖，与少陵原畔的华严寺相对。

此寺始建于隋朝，唐朝时达到鼎盛。唐文宗时的宰相杨嗣复曾经将其父供养于此处。同时，此寺还是皇室供奉佛祖的寺院之一。由于寺院清雅幽静，所以唐代许多文人雅士都曾在此参道修佛，现在寺院仍然保留有唐驸马和诗圣杜甫曾经居住过的两处窑洞遗址。根据史书记载，宋仁宗时（1023—1063），又有杨氏族人将此地舍为佛寺。推测唐代以后，此寺或许已经湮灭，或者被改作他途，因此才有宋朝杨氏族人将此地舍为佛寺的记载。民国时期，此寺尚保存有3间山门房、3间大殿、3间僧房及东西廊房各3间。山门内一前一后供奉有韦驮和伽蓝泥塑；大殿正中供奉有佛像，两旁分列十八罗汉塑像。东侧廊房内祭祀的是瘟神，西侧廊房祭祀送子娘娘，后窑洞祭祀吕仙。寺内还有一口大铁钟和两通碑石，另有一眼甘甜清冽的古泉，无论旱涝，水位均不增不减。可惜抗战时期，国民党特务机关"青训队"曾占用此寺，不但损毁了寺内的部分殿宇，还砸碎了大铁钟。1949年后，当地村民将寺院剩余的殿房全部拆除，用其材料在村内修建了小学。2000年，洪福寺住持光慧法师集资对禅经寺进行了修复，使其香火不灭，继续弘扬佛法。

仙游寺

仙游寺位于西安市周至县城南17千米的黑水峪口。

此寺始建于开皇十八年（598），是隋文帝修建的避暑行宫，原名"仙游宫"。仁寿元年（601），为了安置佛祖舍利，隋文帝命人在仙游宫内建造了佛塔，并改仙游宫为仙游寺。唐大中年间（847—859）对寺院进行了扩建。明清时期又对其多次修缮。明英宗正统六年（1441），西域喇嘛桑加巴作寺院住持期间，对寺院进行了修复和扩建，并改寺名为"普缘禅寺"。清康熙二年（1663），又恢复了仙游寺的原名。

因为仙游寺自古以来就风景秀美，是旅游胜地，所以历代不少文人雅士都来此游览，并留下了吟诵此地美景的千古佳句。如唐代诗人白居易任盩厔县尉时，就在这里写下了千古传唱的《长恨歌》；另外还有王勃、吴道子、岑参、苏轼等人，都曾到过这里，游览休息，吟诗作画。此寺还曾多次作为农民起义军的驻扎之地，唐末的黄巢、明末的高迎祥，还有清末的太平天国起义军都曾屯兵于此。

如今，当年气势恢宏的仙游古寺已经淹没在了黑河水库底，只有建于隋代的法王塔保存了下来，这是国内现存为数不多的隋塔之一，也是中国现存较早的方形砖塔。塔有7层，高35米，塔底层每边长8.7米，塔身各层南面都有券门，属密檐式塔。1998年10月，修建黑河水库时对法王塔进行了迁移，在塔的第二层和第三层发现了3枚舍利，并在地宫中发现10枚舍利和石碑，碑文记载了建塔的时间。法王塔于1996年被列为全国重点文物保护单位，现被整体迁移至原址北侧的金盆村北梁上。塔的周围还有许多保存完好的明清时期的喇嘛塔和舍利塔，一起向世人展示着此寺的悠久历史。

仙游寺

清禅寺

清禅寺是隋唐两代官寺，位于长安城兴宁坊南门之东。

此寺始建于隋文帝开皇年间（581—600），是隋文帝应高僧昙崇之请在京城兴建的九寺之一，由高唐公之旧宅改建而成。此寺由高僧慧胄主持修建，寺院建成后，殿堂罗列，屋宇连片，绿竹成荫。寺院还拥有大片寺田，仓廪丰实，库藏充盈，京城没有比它更富有的寺院了。寺内还建有九级佛塔，是谓清禅寺塔也。此塔每层都有回廊，四面开设窗户，有扶梯可供登高望远。后来韩国的皇龙寺九层塔就是综合了此塔及法门寺塔等塔的风格设计出来的。慧胄还选了20人学习唱歌跳舞，每至节日，都在寺院内设乐，引得四方信众前来观赏，热闹无比。慧胄住持此寺40余年，后来圆寂于此。

此寺在隋唐两朝都很兴盛。隋文帝、隋炀帝和唐太宗等对其多有赏赐，使寺院获得极大发展。此寺名僧辈出，武则天时期，曾将住持洛阳授记寺的高僧德感调到清禅寺任住持；来自于阗的高僧实叉难陀法师也曾在此寺翻译过华严经典。唐以后寺院屡遭焚毁，也有多次修缮。现存有一块《重修古迹清禅寺碑记》石碑，高2.6米，宽96.5厘米，厚23厘米，下有龟形碑座，碑额有二龙戏珠图案，碑身四边有线刻莲花纹，碑文记叙了明成化二年（1466）当地政府对此寺进行重修的情况。现在寺院已毁无遗。

宝庆寺

宝庆寺是隋唐时期的名寺之一，位于西安市南门内书院门街口北侧。

寺院始建于隋文帝仁寿年间（601—604），原址在隋大兴城安仁坊，即今天西安市碑林区小雁塔以南的夏家庄附近。唐文宗大和至开成年间（827—840），用五色彩砖在寺内建塔，称"华塔"，故此寺也称"华塔寺"。五代时，寺院殿宇被战火摧毁，只有砖塔保存了下来。此塔造型颇有特色，塔身上半部分装饰有繁复的花饰，远看像巨大的花束，极为珍贵。这种塔形成于宋辽金时期，元朝以后便逐渐绝迹。此塔有7层，为六角形密檐式砖塔，高约23米，塔内珍藏有北魏、隋唐时期的石刻佛像。塔的第一层檐下有龙凤雕饰，第二、第三层的每面和第六层的正东面佛龛内镶有武则天长安三年（703）镇国大将军、左监卫门大将军、上柱国梁义深等宦官建造的白石造像及北魏佛造像。这些造像是明景泰二年（1451）将塔搬迁至今址时，从光宅寺移来镶嵌于塔上的。景泰二年在重新修塔时，还以塔为中心兴修了寺院，并立碑为记，这块石碑至今仍保存在塔的东侧。清朝末年，寺院被毁，只有塔保存了下来。后来有日本学者发现了塔内供奉的大量精美的石刻佛教造像，便拍照并撰文发表，引起了其他国家的关注。随后，这些造像多流失于海外，保存在外国各大博物馆中。其中，日本收藏有21块，美国4块，国内有7块：6块还镶嵌在宝庆寺塔上，1块珍藏在西安碑林博物馆。1949年后，宝庆寺华塔得到了修缮，现在是陕西省重点文物保护单位。

宝庆寺华塔

大庄严寺

大庄严寺是隋唐长安城内的著名寺院之一，位于长安城的西南隅。

此寺始建于隋仁寿三年（603），是隋文帝为其妻文献皇后独孤氏祈祷冥福而建立的，初名"禅定寺"。此寺规模宏大，占据大兴城永阳及和平两坊之地的东半部，总面积达60公顷，寺内建有一座高达百米的木塔，塔高入云霄，每层都有重阁回廊，可登高望远，一览都城胜景。大业三年（607），隋炀帝在禅定寺的西面为其父隋文帝兴修了大禅定寺，其建制规模和东邻的禅定寺完全一样，也修建有一座与禅定寺塔高度相同的木塔。唐武德元年（618），将两所寺院总称为"大总持寺"或"大庄严寺"。作为皇家寺院，此寺规模宏大，殿阁雄伟，堪称京师之最。寺内装饰极尽华丽，名家壁画纷呈。

唐朝时此寺地位仍然十分突出，是名僧大德会聚之地，唐初大德智首、道岳等人都曾在寺内主持寺务。玄奘法师年轻时，也曾与其兄长一起慕名在庄严寺学习佛法。另外，朝廷也很重视此寺，皇帝多次到寺院礼拜游览，举行法事斋会。景龙年间（707—710），唐中宗在重阳节时登塔，还在塔上大摆筵席，宴请群臣，留下了许多关于此寺的诗篇。此寺还珍藏有从乌苌国迎回的佛牙，每年定期举行供奉佛牙的盛会，届时整个京师为之轰动，士庶争相前往观赏，发愿布施。此寺林木茂盛，风景优美，并盛产梨花蜜以贡奉皇室。会昌五年（845）唐武宗灭佛时，此寺不但得到了保留，还保持了昔日的盛况。唐末战乱时，此寺在战火中被损毁。此后，寺院虽然屡被修缮，但已远非昔日。2004年，政府在考古勘探中发掘出此寺的部分遗址。今天，在寺址上修建有木塔寺遗址公园。

圣寿寺

圣寿寺位于距西安市30千米的终南山南五台景区西北半山坡上，因坐落于塔寺沟内，又称"塔尔寺"，是全国重点文物保护单位。

此寺始建于隋仁寿年间（601—604），是隋炀帝为其母亲修行而建的。唐大历六年（771），改称"南五台圣寿寺"，而岱顶的观音寺则改称"圣寿寺上院"。北宋太平兴国三年（978），因岱顶六现圆光，宋太宗敕令改为"五台山圆光之寺"，而圣寿寺也改称为"观音台圆光寺下院"。此寺历来受高僧大德重视，道安、善导、道宣等大师都曾在此居留。唐末及五代时期，该寺毁于战火。此后历代对此寺进行了恢复重修，使其得以保存至今。现存的圣寿寺是清代修葺的建筑，占地9000多平方米，坐西向东，有山门和前殿各3间，还有一座砖木结构的大雄宝殿，彩檐斗拱，殿内供奉有弥勒佛和伽蓝菩萨等，另外还有僧房和客房等若干。大雄宝殿北侧有一座建造于隋代的砖塔，又称"应身大士舍利塔"，是中国年代较为久远的寺塔之一。据说隋文帝的母亲出游古印度归来时带回佛牙一枚，见南五台山清水秀、景色宜人，便在当地参禅诵经，并建塔安放佛牙。该塔是七级正方形阁楼

圣寿寺

式砖塔，高 29.5 米，底座周长 7.5 米，塔身的一、三、五、七层的南、北两面及二、四、六层的东、西两面均开有券门。每层叠涩出檐，并有砖雕的两排菱角牙子。塔尖用平砖攒成，上面放有 7 圈铁质相轮，又覆有八角攒尖式铁刹，造型精巧古朴。因其建造于狭地之中，故受风雨侵蚀较少，塔壁仍很光洁，但塔内木梯已全部毁坏，不能登塔。在圣寿寺塔以北约 50 米处，有座近代高僧印光法师的影堂石塔。印光法师是近代著名的佛学大师，净土宗第十三祖，曾云游各地，招收弟子数万人。主要著作有《净土决疑录》《宗教不宜混滥论》等，都是修习净土宗的重要资料。圣寿寺内还保存有清道光二十九年（1849）的《观音大士伏龙赋并序碑》和印光大师遗像碑各一通。寺门前有两棵种植于唐代的古槐，高大挺拔。另外还有日本前首相田中角荣赠送的落叶松，根深叶茂，是中日友好的象征。

温国寺

温国寺亦称"实际寺"，是唐长安城中最著名的寺院之一。史书记载有两处实际寺，一处位于太平坊的西南隅，即今西北大学太白校区内，另一处位于今西安长安区西湖村湖村小学内。

据载，两寺均始建于隋。位于太平坊的实际寺在景龙元年（707）改名为温国寺。位于长安区的实际寺则是开元十五年（727）因建塔而改名为温国寺。太平坊实际寺在唐代规模很大，也颇有名气。三论宗的吉藏、净土宗的善导与其弟子怀恽、律宗的鉴真等大师都曾在寺内译经或生活过，鉴真大师就是景龙三年（709）在此寺受戒的。寺内还有称誉甚高的净土院，以及高宗时最擅长画佛像的尹琳和吴道子等人所作的壁画。唐武宗灭佛时，此寺也在被禁毁之列。武宗去世后，温国寺又得到了修复。唐大中六年（852），修复后的温国寺改名"崇圣寺"。根据碑石文献记载来看，位于长安区的温国寺在明清时期曾多次进行重修。民国时期此寺开始衰落，一些珍贵文物遭到盗窃。"文化大革命"时寺院原有的古塔被拆除，佛像被损毁，只留下了空荡荡的大殿和殿外一对明朝铸造的铁狮子。另外，殿前还有一棵树龄上千年的白皮松，高大挺拔，高24米，胸围3.6米，是西安现存最大的白皮松古树。据说这棵白皮松是善导大师亲手种植的，故其名气很大，历代皆有文人雅士前来观赏，甚至日本友人也多次前来祭拜。树上原挂有铜质风铃45枚，口径25厘米，均有铭文，可惜现在均已无存。位于西北大学太白校区的温国寺地面建筑虽已无存，但在其旧址上发现唐代佛教文物，如石塔幢、小泥佛像、莲花纹砖及瓦当和大量的寺院使用的小陶灯等。

感业寺

感业寺是隋唐时期著名的皇家尼院，位于西安市未央区六村堡乡后寨村。

此寺始建于隋朝，当时隋炀帝大修运河，东征高丽，认为自己的这些功业均是上天所赐，故建感业寺为纪念。唐代此寺位于禁苑中，属唐代内道场。隋唐时此寺占地约20万平方米，规模宏大，有"骑马关山门"之说。此寺的出名与一代女皇武则天密切相关。贞观十一年（637），武则天入宫成为唐太宗的才人，但此后其地位始终没有提高，也没有子嗣。按当时的规矩，老皇帝去世后，新任君主要清退前朝无子女的嫔妃，送其到皇家尼院出家。武则天在唐太宗逝世后，便按规矩入感业寺为尼，过起了晨钟暮鼓、青灯古佛的比丘尼生活。高宗永徽二年（651），武则天奉诏回宫，后又开始了她的政治生涯，最终成为中国历史上唯一的女皇帝。而感业寺因为与女皇的这段渊源也名扬天下。随着唐帝国的覆灭和长安城政治地位的失去，感业寺也陷入没落。明朝万历年间（1573—1620）对感业寺进行了重修，布局不变，只是面积缩小至原来的十分之一。重修后刻碑为记，至今当年的《重修古刹感业寺碑记》仍矗立在感业寺遗址上。今天的感业寺小学即是建立在当年寺院的遗址上。2001年，感业寺遗址被西安市政府确定为第二批重点文物保护单位，并在2003年得以重修。

洪福寺

洪福寺是唐代樊川八大寺之一，位于西安市长安区神禾原北崖，与少陵原畔的兴国寺遥遥相望。

此寺具体的始建时间已不可考，但从寺内的《重修洪福寺碑记》可以看出，汉初时曾在樊哙的食邑南神禾原畔建有无量祖师庙，唐初将其改为佛寺，明代时重修。寺名取自诸神普降洪福之意。民国初年时，该寺还有不小的规模，有山门房、正殿、后殿各3间，还有僧舍等建筑。正殿中供奉着玉皇大帝，两旁有二十八宿泥塑像；后殿供奉的是无量寿佛坐像，两侧分立八大金刚泥塑像；山门房两侧有火神和湘子的泥塑。"文化大革命"期间，寺院建筑惨遭毁坏，殿阁楼宇、碑石法器无一幸存。1995年，华严寺光慧法师住持此寺，在法师的努力下，洪福寺得以重修。在此后的几年间，该寺陆续修好大雄宝殿、法堂等建筑。寺庙修好后，刻了三通石碑，一通是记载寺庙沿革历史、重修过程的《重修洪福寺碑记》，另外两通是功德布施碑。新建的洪福寺规模虽不及兴教寺和香积寺等，但也已经初具规模，相信随着日后不断的修缮，寺院终可恢复往日风采。

太原寺

太原寺位于唐长安城休祥坊东北隅。为了和洛阳的太原寺相区分，故又称为"西太原寺"。唐武德元年（618），李渊因初在太原起兵，故在永兴坊置太原寺，后来迁徙到安定坊。

咸亨元年（670），唐高宗以位于休祥坊的武后母亲荣国夫人杨氏之故宅立为太原寺，并下诏剃度僧人入寺。曾师从名僧智俨的西域人法藏大师在诸多名僧的推荐下，获准剃度，在太原寺出家。法藏大师是华严宗三祖，他在太原寺出家后，又被皇帝赐为贤首国师，并经常参加各种译经和著述活动。高宗永隆元年（680），印度僧人地婆诃罗到长安城太原寺、宏福寺等寺宣讲教义，法藏向其请教西方教法，并请他在西太原寺翻译其从印度带来的梵本佛经。除了法藏大师外，该寺还有许多律宗大师入住。如曾师从玄奘学法的怀素大师就经常住在长安太原寺东塔院，宣传自己的主张，被称为"东塔怀素"。怀素专攻律宗，他对道宣等人的学说不甚满意，因此自撰《四分律开宗记》《四分僧尼羯磨文》等作品，自成体系。与怀素同时常驻此寺的还有另一位律学高僧，即相州法系的满意律师，他主要弘扬相部律学。此外，思恒律师也在咸亨年间随其师持廿法师入住西太原寺，因其潜心向学，后被唐中宗召入内道场，命为菩萨戒师，充"十大德"，掌管天下佛法僧事。仪凤元年（676），为了给荣国夫人追福，武则天从各地征调高僧大德，在此寺组织了声势浩大的抄写经书活动。此次活动由虞世南之子虞昶和阎立本之侄阎玄道负责监管，持续6年之久，所抄经书用纸精细，装裱精美，抄写规范，是不可多得的佳品。载初元年（690），此寺改名为"崇福寺"。

卧佛寺

卧佛寺原名"摩崖石刻""岱顶""五层楼"，位于西安市长安区滦镇，在青华山顶端，是西安市重点文物保护单位。

此寺始建于唐武德（618—626）初年，是凌空盘旋在悬崖峭壁上的五层转角楼，地势险要，气势非凡，楼内楼梯回旋，石洞层层相连，宛若迷宫。卧佛寺之得名缘自一尊以石壁雕成的如来佛，侧躺在四拱石洞之中，身长约 13 米，高约 3 米，分为头窟、胸窟、腹窟和腿窟，是全国室内四大石佛之一，有"关中第一卧佛"的美称。奇特的是，如此巨大的佛像，居然是一个完整的整体。这尊千年睡佛雕于何时并不可知，但从佛像阔面大耳、圆润祥和的神态来看，应是唐朝的雕塑风格。佛脚下有一眼清泉，称神水潭，从不见满，也不干涸，据说有治疗百病的功效。寺外的半山腰有棵白皮松树，据说是李世民亲手栽种的，距今已有 1000 多年的历史。树干粗壮，需要 3 个成年人合抱才能抱住。从石佛观龛前的陈列来看，其鼎盛时期的殿宇当有百余间之多，且全部为铁瓦覆盖。残留下来的瓦长约 30 厘米，宽 22 厘米，重达 2.5 千克，是珍贵的历史见证。随着岁月的流逝，不知何时，此寺逐渐败落。清朝道光元年（1821），有位本然禅师想在此地修建四大天王宝殿，挖土时意外发掘出大卧佛，遂对其进行了保护和重建。"文化大革命"中，此寺惨遭破坏，成为一片废墟。1977 年，本学法师对寺院多次修葺，卧佛寺得以重建，如今成为市民游览参观的好去处。

兴圣寺

兴圣寺是唐代皇家寺院之一，位于唐长安城通义坊西南隅，相当于今西安市碑林区友谊西路省建八公司。

此寺原是高祖李渊旧宅，李渊称帝后，将其改为通义宫。贞观元年（627），唐太宗又舍宫为尼寺，命名"兴圣寺"。"兴圣"一名既表明了此地为李唐皇室的龙兴之地,又是李氏承天受命、君权神授的体现。通义宫因是皇家旧宅,故规模宏大,建筑宽敞,改建为寺院后又精加装饰,展现了皇家寺院的不凡气度。景云二年(711),兴圣寺中在天授年间(690—692)就已枯死的柿子树又奇迹般地复活了,睿宗因而大赦天下,并厚赐百官,普度僧道3万余人。唐玄宗还是太子时也曾临幸此寺,并施钱千贯,命德高望重的比丘尼法澄为寺院住持,主持修葺此寺。法澄仪容端庄,讲经论法,应答如流,是华严宗的代表人物,在当时的佛教界具有一定地位,曾因反对武则天的酷吏政治而被罚入宫掖。寺院修缮时,寺内增绘"华严海藏变",并造八角浮屠(佛塔)。此寺在唐代除了与上层政治活动密切相关外,也是重要的译经场所。法澄曾在此翻译了《盂兰盆经》和《温室经》等佛典。

  兴圣寺除了宣传佛教文化外,对大众的社会生活也起了重要作用。寺内的竹林神对长安的文化生活影响很大,民间对此寺的竹林神很信奉,主要向其祈雨和求子。韩愈在长庆三年(823)任京兆尹时还作《祭竹林神文》以祈雨。玄宗天宝年间(742—756),有比丘尼出资在寺内建了兴圣寺经幢。此后,关于此寺的记载很少。但根据墓志记载可知,虽然会昌年间(841—846)的灭佛运动规模浩大,大量寺院遭到了损毁,但此寺并未被毁,直到咸通九年(868)依然存在。后来,随着唐王朝的日渐衰落,兴圣寺也逐渐淡出人们的视线,湮灭在历史的长河中。

观音禅寺

观音禅寺

观音禅寺是终南山千年古刹之一,位于西安市长安区东大街办罗汉洞村,背靠凤凰山,东邻律宗祖庭丰德寺、净业寺及净土宗祖庭香积寺,南通观音山,西望三论宗祖庭草堂寺,风景秀丽。

此寺始建于唐贞观二年(628),相传因魏徵梦中斩杀违背玉帝之命擅自降雨的龙王,唐太宗为请观音菩萨救龙王一命,故建观音堂一座,以拜谢观音。1949年以前此寺规模颇大,占地约20万平方米，山门、大殿、钟鼓楼、寮房等一应俱全，香客云集。"文化大革命"中，寺院被改作学校，僧人遭遣散，殿阁也大多被毁，只留下5间大殿。1998年，隆兴尼师云游至此，四处募资，修缮寺庙。后来，在当地政府的支持和住持法师的努力下，寺庙得到进一步修缮，建起了供弘扬佛法的大众禅堂和宣扬公益活动的大善院等建筑，寺内保留下来的历史遗迹有一株银杏树，相传为唐太宗李世民当年亲手栽种，高约20米，直径3米多，距今已经有1000多年的历史，仍然郁郁葱葱、枝繁叶茂，被列入国家古树名木保护名录。每年11月，树叶凋落，金黄的银杏叶子在树下铺成了厚厚的黄金毯子，吸引了无数游客前往观赏。树下还有一眼清泉，泉水甘甜清洌，长年不竭，据说可医治百病，被誉为"观音神泉"。

彬县大佛寺

彬县大佛寺是第三批全国重点文物保护单位，位于陕西省咸阳市彬县城西西兰公路旁的清凉山脚下。

此寺初建于唐贞观二年（628），是唐太宗为纪念在抗击薛仁杲战争中阵亡的将士而修建的，原名"应福寺"。北宋仁宗为其养母刘太后庆寿时，改寺名为"庆寿寺"。明景泰年间（1450—1457）因寺内的大佛才被称为"大佛寺"，此后一直沿用。此寺因山而建，寺内有陕西境内最大的石窟群，依山开窟，雕石成像，绵延约300米。大佛寺石窟初开凿于南北朝时期，唐代开始大规模开凿，至唐太宗贞观二年基本建成。寺内有大小石窟130多个，1980余尊精美的佛教造像，还有碑刻和题刻170余处，曾被清代学者毕沅称为"关中第一奇观"。石窟中开凿最早、规模最大的是大佛窟，此窟约开凿于唐贞观二年，窟内平面近似半圆形，横宽34米，高约24米，穹顶。窟内造像为一佛二菩萨。居中的大佛像高约20米，肩宽13米，慈祥威严，结跏趺坐，左手施无畏印。旁边站立的两位菩萨神态恬静，璎珞华丽，均高约17.6米。佛像背光部分刻有莲瓣、宝相花、火焰纹、坐佛和飞天等浮雕。大佛窟内有70个造像龛，内有大小造像1001尊，最小的仅高20厘米，形象千姿百态，雕刻精致，艺术价值极高。大佛窟前有砖木结构的5层护楼，高约38米，可供观览者瞻仰洞内群像。大佛窟东侧为千佛洞和丈八佛窟，西侧有罗汉洞窟群等，均有大量精美造像。清末金石学家叶昌炽曾对此窟的题刻进行了辑录考证，编有《邠州石室录》，收录了唐以来的数百通题刻，是研究大佛寺历史的宝贵资料。大佛寺是佛教在中

彬县大佛寺

原传播和融合的最好证明,其石雕、彩绘、泥塑等既表现出了中原传统文化,又体现出鲜明的西域或古印度佛教艺术风格,是研究丝绸之路历史的实物宝库。由于清凉山属砂岩,千百年来,虽经过不断的修缮,但风化仍较严重。1949年以后,政府多次对此寺进行加固和修缮。2014年,大佛寺石窟被列入《世界遗产名录》,成为世界人民的宝贵财富。

弘福寺

弘福寺是唐代名刹之一,位于唐长安城修德坊西北隅。

此寺始建于唐贞观八年(634)。当时唐太宗为了替去世的母亲太穆皇后追福,将原为右领军大将军彭国公王君廓的故宅改建为寺院,名"弘福寺"。此寺建成后,太宗召天下名僧入住,赏赐丰厚,智首律师就曾作为该寺上座。贞观十九年(645)正月,从印度求取佛经的玄奘法师归来,他所带回的佛祖舍利、佛像及上百部佛经全部被放置在此寺。后来,玄奘奉太宗之旨在此寺西北禅院开办译场,先后翻译了《菩萨藏经》《佛地经》等佛教经典,并将自己西行的经历记录下来,成《大唐西域记》一书。这使得该寺院成为当时长安的译经中心,盛极一时。据说,高宗永徽三年(652)来自西域的地婆诃罗也在此寺翻译了《大乘显识经》和《大乘五蕴论》等佛经。后来大慈恩寺建成后,译经院迁往大慈恩寺,但此寺与皇室的关系仍然极为密切,先后有多位皇帝亲临该寺,其在唐代的地位仍然很高。唐中宗神龙元年(705),此寺改称"兴福寺",后又改称"洪福寺"。唐宪宗元和十二年(817),为了方便皇室前往此寺,还修建了通往此寺的夹城。宝历二年(826),唐敬宗亲自前往该寺观看高僧文溆俗讲,而文溆曾是长庆年间(821—824)最为著名的俗讲僧,他的俗讲婉转流畅,悦耳感人,极受时人欢迎,许多人仿效他的声调制成歌曲,流传在市井之间。明洪武二年(1369),寺址由城内太极宫的修德坊迁往今西安市长安区南。明宪宗成化年间(1465—1487),高僧真景任此寺住持,筹资对寺院进行了重修。此后该寺沿革不详。

翠微寺

翠微寺又名"永庆寺",原名"翠微宫",位于西安市长安区沣峪滦镇浅山上的黄峪寺村。

此寺原是唐初所建之行宫。武德八年(625),在风景秀美的终南山太和谷选址建造了太和宫。贞观初年,此宫的一部分被改成龙田寺,由高僧住持。贞观三年(629),太宗命波颇三藏在龙田寺翻译《宝星经》及《般若灯论》,由高僧琳执笔记录并校对。贞观十年(636),太和宫被废。贞观二十一年(647),因天气炎热,唐太宗身体抱恙,大臣建议其对已经废弃的太和宫进行修缮,因为其地清凉,是避暑胜地。太宗遂遣将作大匠阎立德从顺阳王府第取木材砖瓦等建筑材料,对太和宫进行了全面修缮。此次修缮用时极短,只9天便修缮完毕。修成后改名为"翠微宫",正门朝北,谓之云霞门,大殿名翠微殿，寝殿名含风殿。在此地还为皇太子也修了别宫，正门朝西开，称金华门，大殿名安喜殿。

修缮后的翠微宫规模很大，且是唐代文人和名僧驻留交游之地。唐人张昌龄专门作诗《翠微宫颂》赞颂此宫。唐太宗也多次前往游幸，唐代大诗人刘禹锡有《翠微寺有感》描写唐太宗游幸时的盛况："吾王昔游幸，离宫云际开。朱旗迎夏早，凉轩避暑来。汤饼赐都尉，寒冰颁上才。龙髯不可望，玉座生尘埃。"

贞观二十三年（649），唐太宗病逝于此宫。后至迟在唐代宗时期，翠微宫已被改置成翠微寺，原来的龙田寺也在更名为"大和寺"后并入了翠微寺。唐代宗时，翠微寺僧道郎因为持戒精严，道行高超被朝廷赠为大兴善寺49位大德之一。唐朝末年，长安城内的寺观大多毁于兵灾，而地处终南山的翠微寺却得以幸存。

宋太平兴国年间（976—984），此寺更名为"永庆寺"。元泰定四年（1327），元泰定帝封来自日本的僧人雪村友梅"宝觉真空禅师"的法号，并令其住持翠微寺，这是唯一一位在中国佛教寺院任住持的日本高僧，也是中日佛教交流史上的奇迹。此寺现已无存，20世纪80年代以来，在其遗址出土了大量的唐代碎砖瓦，以及两尊具有盛唐风格的蹲狮，另有一块刻有明朝秦藩王宾竹道人朱诚泳登翠微寺所作诗残碑。

大慈恩寺

　　大慈恩寺是唐长安城内最著名、最宏大的佛寺，位于唐长安城晋昌坊，是中国佛教唯识宗的祖庭，也是唐长安三大译场之一。

　　唐太宗贞观二十二年（648），时为太子的李治为追念其生母长孙氏，令大臣在京城内废旧寺院中选择合适的一处营建，以报答慈母之恩。有司认真考察京城之地后，决定在位于宫城南晋昌里的北魏净觉寺故址营建新寺。新寺的营建不仅制定了周密的建造方案，还选用了大量的珠玉、丹青、金翠等作为装饰。寺院建成后，"重楼复殿，云阁洞房"，床褥器物，皆有所备。为了进一步充实新寺，太子李治奏请皇帝度僧300人，并请50名大德入居寺院，同时正式赐新寺寺名为"大慈恩寺"。

大雁塔

新寺落成后，李治请玄奘法师至大慈恩寺翻经院从事佛典翻译，并主持寺务。高宗永徽三年（652），玄奘法师奏请于大慈恩寺内建造高塔一座，以妥善保存从西域带回来的经像。高宗御批使用宫内经费建造高塔，是为大雁塔。建塔过程中，玄奘法师不仅全程监督，还亲自担运砖石，用时2年方才完工。建成后的大雁塔塔形仿西域制度，底部呈方锥形，起初塔高只有5层，武则天时增加到10层，后来又遭兵灾损毁，现在保存下来的有7层，总高64.5米。最上层珍藏佛经造像，塔下层南外壁有两座石碑，左边为太宗皇帝所撰的《大唐三藏圣教序》，右边为高宗皇帝所撰的《述三藏圣教序记》。唐代学子考中进士后，都要到慈恩塔下题名，谓之"雁塔题名"，此后相沿成习。今天的大慈恩寺，其面积仅为唐时的一小部分。但大慈恩寺及大雁塔均已被国务院列为重点保护文物，尤其是大雁塔，还成功列入《世界遗产名录》，成为世界人民的宝贵财富。

西五台

西五台原名"安庆寺"，俗称"西五台"，位于西安市玉祥门内莲湖路南侧，东西长约500米，是昔日唐长安城内太极宫所在地。

西五台始建于唐太宗时期。据说唐太宗李世民的母亲笃信佛教，每年要数次前往位于终南山的南五台朝拜，往返数里，旅途劳顿。唐太宗不忍母亲太过辛苦，于是仿照南五台之形制在宫内修建了西五台,与南五台遥相呼应。寺建成后,因其上空常有祥云环绕,又称"云居寺"。西五台的建筑风格与一般佛寺不同,它坐西向东,由山门拾级而上,一台高于一台,且均采用硬山式建筑形式。所谓"硬山式建筑"是指双坡屋顶的两端山墙与屋面封闭相交,将木构架全部封砌在山墙内的一种建筑形式,山墙没有伸出的屋檐,山尖显露突出。西五台原本有5个高台,每座台上皆建有佛殿。第一台为降龙观音殿,第二台为五大菩萨殿,第三台为地藏菩萨殿,第四台为弥勒殿,第五台为十二臂观音殿。台两侧均有寮房,供僧尼居住。昔日的西五台曾是开期放戒的道场,规模宏大;现在的西五台历经岁月的沧桑,仅剩三台,即前台、中台、后台,且均已残破不全。今天西五台已成为西安市重点文物保护单位,并开始了恢复重建工作,以重现大唐胜景。

归元寺

归元寺是唐代名刹之一,位于西安市长安区王寺镇。

此寺最早据说是隋代的行宫,隋炀帝杨广曾来此地射猎。唐贞观年间(627—649)将其改为寺院,寺名取佛经"归元性不二,方便有多门"之意。唐朝时此寺占地百余亩,香火旺盛,是方圆百里群众向往的拜佛圣地。此寺还是玄奘法师西去印度求取佛法归来朝见太宗皇帝前的最后一处驻锡之地。贞观十九年(645),玄奘法师携带佛骨舍利、佛像及大量的佛经从印度取经归来,在此寺小住,寺院热情接待,为示庆贺，寺南两台大戏同唱了一个多月，鼓乐喧天，声震数里。当年的正月二十三，朝廷派当时的宰相房玄龄亲自前来归元寺，迎请玄奘进京朝见太宗皇帝。此后，每年的正月二十三便成为当地的古庙会日，这个传统一直保持到今天。道光年间（1821—1850），寺院大殿惨遭焚毁，旋即又被修复。民国时期，寺院还保留了一定规模，其大殿供有惟妙惟肖的大卧佛一座，两旁分别供有观世音菩萨和伽蓝，另外还有十八罗汉堂、东西厢房和钟鼓楼等。20世纪50年代，寺院被改作学校，大殿因作为教室而得以幸存。20世纪80年代后，当地村民开始筹资重修寺院。2002年，在寺院住持慈光的努力下，卧佛老殿得以翻修，并重建了山门、寮房等建筑，使寺院具备了一定规模，香火得以延续。

华严寺

华严寺是中国佛教八宗之一的华严宗的祖庭，也是唐代著名的樊川八大寺之一，位于唐长安城东南的韦曲少陵原上。

此寺始建于唐太宗贞观年间（627—649），是一座具有西北特色的"窑洞寺院"。它从初建至以后的数百年间，始终未有高大的殿堂，而是以高达30多米的黄土塬为屏障，依塬势挖掘窑窟，以安置佛像和供僧众居住。唐代华严寺内有东阁法堂、会圣院、澄襟院及华严宗初祖杜顺、二祖智俨、三祖法藏、四祖澄观（号清凉国师）、五祖宗密法师的灵塔和真如塔等建筑，规模宏大。当时经新疆、甘肃等地进入中

华严寺

原的佛典多半在此寺进行翻译,使华严寺一度成为"世界佛教中心"。

唐武宗会昌年间(841—846)灭佛时,华严寺寺产被没收,僧人被迫还俗,建筑损毁严重。唐宣宗即位后,重兴佛法,华严寺又重获新生。唐宣宗临幸此寺,并留下了《幸华严寺》诗一首:"云散晴山几万重,烟收春色更冲融。帐殿出空登碧汉,遐川俯望色蓝笼。林光入户低韶景,岭气通宵展霁风。今日追游何所似,莫惭汉武赏汾中。"该诗描绘了唐后期华严寺之怡人美景。

宋代此寺仍保持了唐代的盛况。明清时期不断发生塬体滑坡,华严寺逐渐衰落。尤其是清乾隆年间,少陵塬发生崩塌,华严寺因此被毁,只留下初祖杜顺禅师和四祖清凉国师的两座灵塔,其他建筑全部损毁。杜顺禅师塔是7层楼阁式仿木结构砖塔,高13米;清凉国师塔有5层,高7米。现在的华严寺被列为陕西省重点文物保护单位,其修复重建工作也在有序进行中。

法幢寺

法幢寺是密宗佛寺，又名"云栖寺""义井寺"，因为原来寺内保存有从原长安县义井乡普贤寺移来的陀罗尼经幢而得此名。法幢寺是唐代樊川八大寺之一，位于今天西安市长安区韦曲瓜洲村西北的神禾原北坡下，与少陵原畔的牛头寺遥遥相望。

此寺始建于贞观年间（627—649），但今已无存。民国时期，该寺尚有一定规模，占地面积较大，并保存有前后两座大殿，其中后殿建筑宏大，殿内塑有释迦牟尼像，且佛身全部贴金，佛后背光高达屋顶，塑工精妙，在全省寺院中都很罕见。1970 年，大殿被当地村民拆除，殿内塑像也被推倒，当时从佛像腹内取出了一本记载此寺始建年代的书籍，可惜没有保存下来。另外，寺院还有一尊原为云栖寺遗物的密宗石雕佛像，原高 5 米，其雕刻线条流畅，形象丰满，价值堪比敦煌佛像，可惜后来佛头被打掉，只保留下佛身。

1956 年，法幢寺被确立为陕西省第一批省级重点文物保护单位，但因寺址不存，且仅存的密宗石雕佛像也在 20 世纪 70 年代初修筑通村公路时被砸碎，故 1992 年将此寺从陕西省重点文保单位名录上撤销。今天在寺院的旧址上，由附近村民集资修建了一座观音殿，规模很小。

龙泉禅寺

龙泉禅寺原名龙泉寺，又名龙池寺，是唐代著名的皇家寺院，位于西安市长安区王莽乡王家村。此寺始建于贞观年间（627—649），当时玄奘大师从西方取经归来，在天池寺讲经，太宗皇帝慕名前来听法，路过龙泉禅寺所在地时，见此地地势独特，风景优美，且有一眼甘甜清冽的泉水，因此敕令扩建了天池寺，筑井护泉，并赐名"龙泉禅寺"。武则天以后，此寺成为密宗道场，《佛母大孔雀明王经》在此寺得到大力宣扬。因此寺位于终南山下，交通便利，景色秀美，故而吸引了当时的许多文人前来欣赏美景。唐代大诗人贾岛和孟郊曾为此寺赋诗，写下了千古流传的《游终南龙池寺》及《寄龙池寺贞空二上人》等诗章。唐末，此寺毁于战乱。明清两代多次对此寺进行重修。光绪年间重修后的寺院占地超过5300平方米，有大雄宝殿、禅堂、寮房等诸多建筑。1990年，此寺得到了初步修复，重新成为当地善男信女感受佛光的圣地。2011年，时任寺院住持的宏深法师将此寺改名为"终南山龙泉禅寺"。

灵感寺

灵感寺本是永兴王府家佛堂，初名"西明寺"（非唐长安城延康坊的西明寺），贞观末年改名"灵感寺"，位于今西安市长安区五星乡。

此寺在唐朝时颇为兴盛，名僧辈出。玄奘的弟子圆测曾在此寺任住持，唐中宗景龙年间（707—710），著名的道宣律师也曾在寺中创设戒坛，弘扬律宗佛法，并著有《戒坛图经》1卷，使此寺成为当时律宗的中心。寺中原有道宣律师衣钵塔，为3层八棱塔，每面都有石刻的菩萨及飞天图像。明朝万历元年（1573），重修了祖师舍利塔，并在塔阴嵌碑为记。清朝时，也对此寺进行了重修，并立碑为记。到19世纪时，此寺还保留有大殿5间、寮院若干。民国时，寺僧卖掉寺产，用所得费用来修理殿宇，并新塑了若干佛像。1949年后在此寺设立了生产教养院，又新建5000余平方米的建筑，但僧侣、经像、法器全无，唯有唐代种植的银杏树长势旺盛，高入云霄。现在西安社会福利院驻于此寺，残留的大殿成为福利院的会议室，墙壁上有依稀可辨的《皇清修复寺庙碑记》。

鹤林寺

鹤林寺是唐长安城禁苑中的宫人尼寺，属唐代内道场，主要服务对象是皇帝和宫人。其具体地址不详，但通过《隆国寺碑铭》的记载可以得知其位于"上京之胜地"，即长安城中繁华地带，周围绿树环绕，前有山峰百仞，左有八川，景色优美。

此寺始建于显庆元年（656），是唐高宗为高祖婕妤薛德芳在禁中所建的寺院。薛婕妤是襄州总管薛道衡之女，法号宝乘，妙通经史，文才出众。高宗年幼时，便跟随其学习，继位后，以师父之恩封其为河东郡夫人，对其礼敬有加。夫人一心向佛，想要出家，高宗便听从其意愿，在禁中为其建造了鹤林寺，供其居住，并立碑记述其功德，还将数十位侍者度为比丘尼，此寺开支均由国家府库供给。婕妤出家后不过数日，高宗特意请玄奘法师率9位高僧入鹤林寺，为其及此前出家的200多位内尼传戒。此次受戒仪式非常隆重，高宗敕令庄校宝车10乘、音声车10乘在景耀门内待命，以迎接诸位大德入宫。入宫后，又别置馆舍，大设坛席，为宝乘等尼众举行受戒仪式，仪式由玄奘法师独自主持，其他9位大德作为见证。整个活动持续3天方才结束。受戒完毕后，又请画工吴智敏为10位大师画像，以留在寺内供养。此寺后来改名为"隆国寺"，具体沿革不详。

西明寺

西明寺是唐代长安的皇家寺院之一，与大庄严寺、大慈恩寺、荐福寺等齐名。原址位于延康坊西南隅右街，即今天西安市白庙村一带。

此寺原是隋朝权臣杨素的宅院，唐朝时成为魏王李泰的宅第。李泰死后，其宅第被改为福寿寺。高宗显庆元年（656），高宗为庆祝太子李弘病愈而将其改名为"西明寺"。此寺仿照天竺祇园的风格而建，装潢精美，宏伟大气，有房屋4000余间，分为10院。而寺院中的碑文、壁画、题榜、书法等都是上乘的艺术珍品。寺院建成之时，唐高宗亲自参加了规模宏大的落成典礼，并豪赐寺院田地上百顷及大量房子、车、绢布等，还征集国内50位高僧大德前来寺院驻锡，使其盛极一时。后来，武则天、章怀太子等人也对此寺赏赐无数。

此寺在唐代地位非常重要，它承担着国家祭祀的重任，寺僧慧晓就曾为唐代宗祈福；它还是国家译场，唐代高僧玄奘、义净等人都曾在此翻译了大量的佛教经典，为唐代长安带来异域宗教文化；而南山律宗道宣、法相宗西明系圆测、密宗善无畏、华严宗法藏等大德也曾先后在此著书立说，弘扬佛法；敦煌高僧法成、昙旷等也与西明寺有密切关系。

因为寺院藏经丰富，所以也是唐代佛教发展中对外交往的主要窗口，许多来自日本、朝鲜等国的留学僧都曾在此学习交流，对佛教的东传起到了巨大的作用。

此寺除了与高僧大德关系密切外，还获得了文人士大夫们的青睐。由于寺中的牡丹极负盛名，所以唐朝著名诗人白居易、孟郊等人都曾在此留下诗篇，元稹也作有《西明寺牡丹》诗。会昌灭佛时，此寺因为是皇家寺院而得以幸免。然而此后千年，时光流转，昔日宏伟的寺院竟荡然无存。

1985年和1992年，政府两次对寺院遗址进行了发掘，发掘出部分大殿的遗址，证明了历史上西明寺规模的宏大。今天秦岭北麓西炉丹村新建的西明寺，是由僧人广哲依托当地的古塔遗迹重建的。

资圣寺

资圣寺位于西安城东浐水之滨，白鹿原坡下的神峪寺沟，又名"神峪寺"。

此寺原是唐太宗长孙皇后之兄赵国公长孙无忌家的园林别业，唐高宗龙朔年间（661—663）为文德皇后追福将其改立为尼寺。咸亨四年（673）改为僧寺。后因火灾寺内建筑被毁，但很快又募集资金修复如故，并改称"神峪寺"。寺内有当时著名的书法家殷仲容的题额，还有韩幹、杨坦画的四十二贤圣，以及吴道子、杨廷光等著名画家的若干画作。

此寺周边风景优美，寺内亭台楼阁，环境幽雅，是当时人们祈福静修的佳地，吸引了众多的高僧大德和文人墨客前来驻留。唐开元十一年至十八年（723—730），被称为"开元三大士"之一的金刚智受玄宗诏命在此寺驻留，翻译出了《金刚顶瑜伽中略出念诵法》等佛经。日本僧人圆仁入唐求法时，曾在资圣寺向高僧知玄学习净土宗。知玄即悟达国师，幼年时即通晓佛理，19岁时到资圣寺讲经，轰动长安，唐文宗特意宣其入宫讨教佛法。武宗虽信奉道教，但对知玄仍另眼相看。唐宣宗即位后，大兴佛教，赐知玄紫袈裟，并署其为三教首座。圆仁的《入唐求法巡礼行记》中还记载了会昌三年（843），日本僧惟晓死后葬在资圣寺瓦窑北角地。宋元以后，此寺逐渐衰落。明清时又多次对此寺进行了修复。光绪三十二年（1906），此寺被改为学校，即资圣寺小学，但在20世纪中期被完全拆毁。2002年，当地村民筹资重建了资圣寺。2007年，宽博尼师入寺驻锡，并积极整修寺院，使古寺得到了恢复。

兴教寺

　　兴教寺全名为"护国兴教寺",居唐代樊川八大寺之首,也是中国佛教八宗之一法相宗的祖庭之一,位于西安市南郊的少陵原上。

　　此寺始建于唐高宗总章二年(669),是专门为安葬唐代高僧玄奘法师的遗骨而建的。后来唐肃宗还为玄奘的舍利塔题写了"兴教"二字,意在大兴佛教。兴教寺内最出名的是玄奘塔,为方形5层砖结构,高21米,底边长5.2米,是我国现存最早的一座仿木结构的楼阁式砖塔。塔的底层北壁还镶嵌有唐文宗开成四年(839)刻的《唐三藏大遍觉法师塔铭》,铭文中详细记载了玄奘大师的生平事迹。此塔两侧是玄奘的两大弟子窥基和圆测的灵塔,均为方形3层楼阁式砖塔,高7米左右。窥基是玄奘的嫡传大弟子,原名尉迟洪道,

兴教寺塔

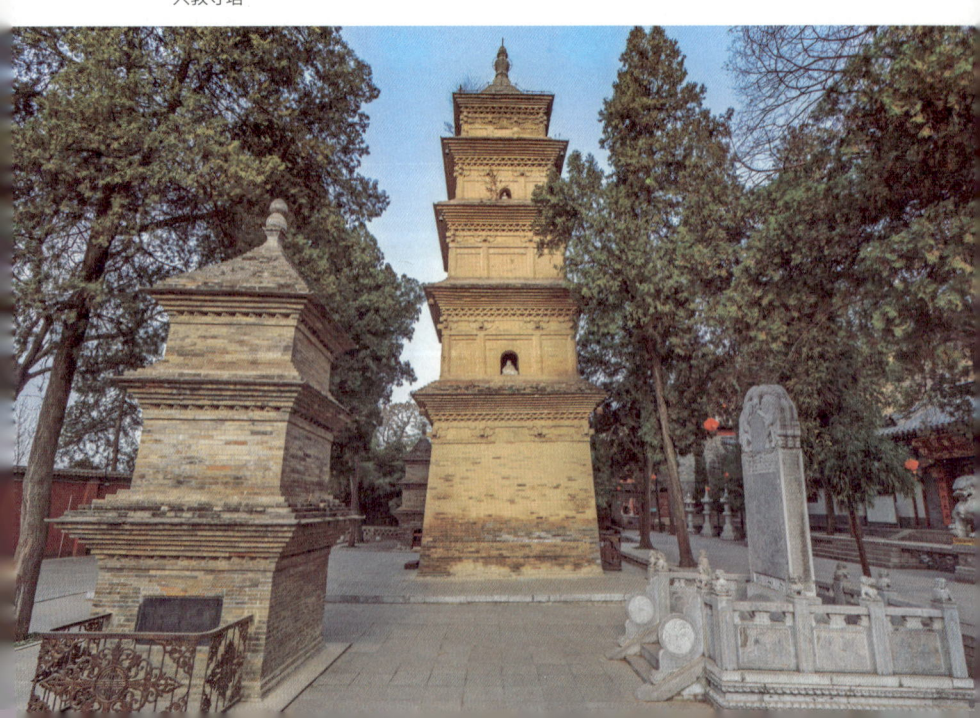

是唐开国大将尉迟敬德的侄子，一生致力于阐发唯识宗的教义，与玄奘大师一同创建了中国的唯识宗。圆测系新罗国王室子弟，出家后来大唐学习佛法，在玄奘取经回国前就很有名气，后来拜玄奘为师，对唯识宗有很高的造诣。他的新罗再传弟子太贤后来将他的学问传回新罗，成了"海东瑜伽之祖"。唐宋时期，对兴教寺屡有修葺。清朝同治年间（1862—1874），除3座灵塔外，兴教寺其余建筑全部毁于战火。1949年后，兴教寺得到了重点修复，并被列为汉族地区全国重点寺院。2014年，兴教寺塔还被列入《世界遗产名录》，成为世界人民的珍贵财富。

光宅寺

光宅寺是唐代名刹之一，位于唐长安城光宅坊横街之北，大致相当于今西安市尚德门北、火车站和自强东路以南。

此寺始建于仪凤二年（677），当时因光宅坊葡萄园内出土了上万枚舍利，唐高宗便敕令在其址上建光宅寺，并将舍利分散给京城及诸州寺院各49粒。此寺中遍布唐代著名画家尉迟乙僧、吴道子及杨庭光等人所作的壁画，其中尉迟乙僧在普贤堂所作的《释迦降魔图》采用了西域的晕染手法，精致逼真，立体感很强。寺内最为珍贵的是建造于长安三年（703）的七宝台，它是当时全国的最高僧官——德感法师率领众大臣为武则天建造的。七宝台高大雄伟，装饰精美，内部有数量众多且雕刻极其精美的石雕佛像群。这些石佛像大

光宅寺七宝台观音造像

致是在武则天长安年间至唐玄宗时期完成的，都是当时流行的题材，包括密宗的十一面观音菩萨立像、西方净土宗的阿弥陀3尊，还有弥勒下生信仰的弥勒佛3尊。这些造像做工精致华美，人物形象细腻逼真，反映了盛唐时期高超的佛教造像艺术。七宝台完工后，武则天曾将寺名改作"七宝台寺"。唐末光宅寺被毁，石佛群被移至长安安仁坊的宝庆寺内。清朝雍正元年（1723）修缮宝庆寺时，将部分佛像嵌入宝庆寺塔壁，故又称"宝庆寺造像"。目前保存下来的宝庆寺造像有32件，但在20世纪初，这些石雕像大多流至国外，目前已知日本藏有21件，美国藏有4件，其余珍藏在国内，其中6块还镶嵌在宝庆寺塔上，1块珍藏在西安碑林博物馆。

香积寺

　　香积寺是中国佛教八宗之一净土宗的祖庭，也是唐代著名的樊川八大寺之一，位于唐长安城西南的神禾原上，即今西安市长安区郭杜镇香积寺村。

　　此寺始建于唐高宗永隆二年（681），时为净土宗创始人之一的善导大师圆寂，他的弟子怀恽为纪念恩师，便修建了寺院及善导大师供养塔，并取佛经中"天竺有众香之国，佛

香积寺

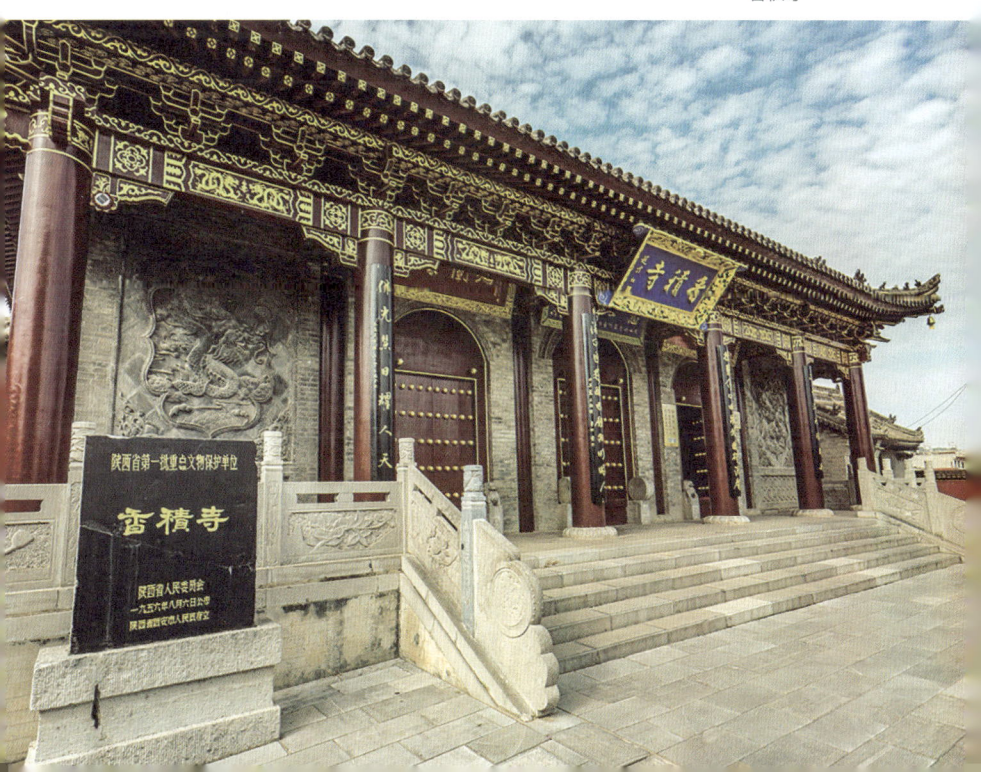

名香积"之句为寺庙取名香积寺,使香积寺成为中国佛教净土宗正式创立后的第一个道场。净土宗不仅在唐代影响很大,还东传日本。日本净土宗尊善导为高祖,并以香积寺为祖庭,香积寺成为中日两国宗教文化友好交流的历史见证。

唐代的香积寺规模宏大,殿堂华美,唐高宗李治和女皇武则天都曾来此礼佛,并赐诸多法器及舍利子等。由于善导大师信徒众多,且香积寺又供奉了皇家御赐的法器,所以吸引了无数文人雅士及普通民众前往祭祀、瞻仰,香火极盛。

在安史之乱和会昌灭佛中,香积寺被严重破坏。宋代香积寺重新得到修复,并一度改名为"开立寺",其后又恢复原名。此后,元、明、清各朝均对香积寺进行不同程度的修葺,使其能够较好地保存下来。1949年后,香积寺得到了大规模的整修,后又成为陕西省重点文物保护单位。

香积寺现存最珍贵的文物就是建造于唐代的善导塔,善导塔原来有13级,现存11级,高33米,密檐式结构,青砖砌成,塔身周围有鞍形的12尊半裸古佛像,雕刻精巧,堪称精品。塔身四面还刻有楷书的《金刚经》,笔力遒劲。此塔在当时不仅用于佛事,还用来观星测雾、量日定时。除了善导塔外,寺内还有位于善导塔东侧200米的敬业舍利塔,保存完好。

荐福寺

荐福寺是唐长安城最著名的佛寺之一，位于唐长安城开化坊，小雁塔位于安仁坊，即今西安市南门外友谊西路一带。

此寺始建于唐睿宗文明元年（684），原是武则天为病逝百日的唐高宗李治追福而兴建的，故最初取名"献福寺"。武则天天授元年（690），改名为"荐福寺"，武则天还亲笔题写了"敕赐荐福寺"寺额。景龙年间（707—710），在荐福寺南面的安仁坊又新建了一所别院，并在别院内修造了一座15级的寺塔，即著名的小雁塔。

小雁塔是密檐式砖结构建筑，玲珑秀丽，原高约45米，现存13级，高约43.3米。小雁塔设计精良，千百年来，历经数次大地震而始终屹立不倒。

作为皇家寺院，荐福寺在唐代因受皇家庇护而兴盛无比。武则天、唐中宗都曾多次前往巡幸，而且高僧大德云集。如唐代高僧义净，在西行印度25年后，带回大量梵文佛经，一度在荐福寺主持译经，使荐福寺名噪一时；另有华严宗"五祖"之一的法藏、于阗国高僧实叉难陀、日本求法高僧圆仁等，都曾在此寺弘扬佛法。由于荐福寺高僧云集，晚唐时期又是长安城表演散乐百戏的重要场所之一，所以吸引了不少文人雅士和普通百姓前往学习和游览。

会昌五年（845），武宗灭佛，荐福寺虽得到保留，但规模大大压缩，只允许保留20名僧人以维持香火，荐福寺自此走向衰落。唐朝末年，兵火战乱不断，荐福寺寺院也毁于战火中，只有小雁塔得以幸存。明朝在小雁塔塔院的基础

小雁塔

上经过多次重修，基本形成了今天的荐福寺格局。明清两代在西安府参加武科乡试考中的举人，效仿唐人故事，到小雁塔下刻石题名，成为当时风尚。至今荐福寺尚存有当年武举题名碑15方。清初，荐福寺内存有金代明昌三年（1192）的铁钟，寺僧晓扣之则清音远震，辅以雁塔秀影，形成了流传至今的"关中八景"之一的"雁塔晨钟"胜迹。

1949年后，寺、塔进行了多次加固和修复，2014年小雁塔成为珍贵的世界文化遗产。

罔极寺

罔极寺是唐长安城名寺，与大慈恩寺、荐福寺并称为"三大皇家寺院"，位于唐长安城大宁坊南隅，北依大明宫，南临兴庆宫，地理位置优越。

此寺初建于唐中宗神龙元年（705），是太平公主为其母武则天祈福所建。寺名取《诗经》"欲报其德，昊天罔极"之意，称"罔极寺"。唐代的罔极寺极其华丽，地位显赫。开元年间（713—741），唐玄宗在罔极寺内设立了圣容院，安放其真容画像，供民众朝拜，并设别院一所，供奉自己亲自注释的《御注金刚经》；当时的宰相姚崇因病常常寄居寺内，罔极寺也因此盛极一时。唐开元八年（720），唐玄宗命人拆掉兴庆宫和大明宫别殿，对此寺进行了扩建，开元二十年（732），又诏令改此寺为"兴唐寺"。唐穆宗长庆元年（821），唐王朝与吐蕃结盟，并立碑为记，结盟仪式就是在此寺内举行的。

罔极寺

　　罔极寺在历史上名僧辈出。被唐中宗尊为"菩萨戒师"的道岸律师曾驻锡此寺。道岸律师是律祖道宣的第二代弟子，号称天下400余州的"受戒之主"，弟子无数；净土宗大德、慈愍派创始人慧日大师也曾驻锡此寺。慧日大师在印度留学18年，回国后与玄宗探究佛理，深受玄宗赞赏，被迎请住持罔极寺；唐代著名的天文学家僧一行也多次驻锡此寺。开元十五年（727），一行在华严寺圆寂，玄宗诏令将其灵枢暂时停放于此寺，后安葬在铜人原，并命著名画家韩幹为一行画像，将其画像供奉于寺内供瞻礼。随着唐王朝的日渐衰落，罔极寺也逐渐走向没落。明初重修此寺，将其从大宁坊南移至安兴坊内，并恢复罔极寺之名。清朝也对此寺进行了多次修葺并立有重修碑碣。1900年慈禧太后来西安避难时，亲笔书写"虎"字赐给寺院住持。现在的罔极寺是尼寺，也是西安市重点文物保护单位。

瑞光寺

瑞光寺位于西安市周至县城。此寺始建于唐景龙二年（708），当时中宗李显敕令建瑞光寺，并在寺中建塔一座，即瑞光寺塔，又称八云塔。

八云塔上小下大，姿态雄伟，与小雁塔极为相像。其结构为正方形密檐楼阁式砖塔，共11层，每层间有砖砌的出檐斗拱，总高42米。一至五层为楼阁式，六层以上为密檐式。塔基周长35.94米，底层塔北正中开有券门，东、西、南三面则为假券门。二层以上每层均有两扇券门，分南北与东西隔层对开。塔内原有木梯，可以登高望远。与众不同的是，此塔底层每面都有两朵1米见方的阴湿痕迹，形似八朵浮云，大旱之年也不会干，蔚为奇观，这也是其被称为"八云塔"的缘由。唐代的瑞光寺规模很大，周长超过5千米，有"骑马关山门"之说。

宋太平兴国三年（978），此寺改名为崇明寺，后来被损毁。明永乐元年（1403），僧人宣运在原址上又建立了善胜寺，可惜明末毁于战火。清朝修建盩厔县城时，在善胜寺遗址上进行了复建，并恢复其名为瑞光寺。如今的瑞光寺寺址上为西街小学。寺虽不存，但塔犹在。2001年八云塔作为唐代古建筑，被国务院列为全国重点文物保护单位，成为周至县城的显著标志。

大安国寺

　　大安国寺是唐代著名的皇家寺院，位于唐长安城长乐坊。此寺是距宫城最近的皇家寺院，是贵族、官宦、禁卫将军及皇子常去的地方，唐德宗、顺宗、宪宗、穆宗等皇帝都曾驾幸此寺。此寺原来是睿宗李旦的旧宅，景云元年（710），睿宗敕令改旧宅为佛寺，因李旦原本被封为"安国相王"而得此寺名。开元初，唐玄宗用寝殿之材修建了安国寺弥勒殿，宪宗时又对其进行了修葺。作为皇家寺院，安国寺规模相当大，占据了长乐坊约三分之二的面积。其形制上也具备了皇家寺院的规制，寺内有大殿、别院等建筑，还有唐代著名画家尉迟乙僧、吴道子及杨廷光等所绘的神像壁画等。此寺兼容并蓄，唐朝时密宗、律宗、禅宗和唯识宗等不同宗派的僧人都曾在此举办讲经活动，这使得该寺人才济济，高僧辈出，史书可见的有宝意、神朗、智钊、净觉、素法等大师。宪宗元和年间（806—820），广宣大德居于此寺，使得该寺成为文人雅集之所，白居易、杨巨源等人都曾作诗吟诵该寺。而其寺僧在当时佛教界的地位也很高。俄藏《开元廿九年授戒牒》提到，开元二十九年（741）二月，大安国寺僧人释道建曾受命到沙州主持受戒仪式，并宣讲了唐玄宗的《御注金刚经》《法华经》和《梵纲经》。唐武宗灭佛时该寺被毁。唐懿宗咸通七年（866）该寺得以重建。现在寺院已荡然无存，但1959年在其遗址上出土了11尊密宗造像，现珍藏于西安碑林博物馆。该组造像造型别致，衣纹为旋纹，线条流畅。其中马头明王像座的莲花与岩石相结合的佛座样式及宝生佛的马座样式极为珍贵。

兴国寺

兴国寺是唐代樊川八大寺之一，位于今西安市长安区杜曲镇东西杨万坡村之间的少陵原畔。

此寺始建于唐开元年间（713—741），曾是长安慈恩寺下院，也称香火院，宋代时曾改名为"延兴寺"。宋人张礼在经过此地时，发现此处已经是一个刘姓人家的私有庄园，残垣断壁，瓦砾遍地，其香火何时中断并不可考。明清时期此寺又有修缮。同治年间（1862—1874），寺院毁于动乱之中。光绪九年（1883），当地乡绅刘滋、赵祥等人集资对寺院进行了重修。20世纪30年代时，寺庙的山门仍然存在，并有清代修建的3间大殿和东西廊房，寺中也还有僧人。抗日战争期间，为躲避日机轰炸，当地政府以兴国寺旧址为中心，建立了一所"兴国中学"，以清朝所修的3间大殿为图书馆，并将东西3间廊房作为校舍，而寺院的僧人被迁居于别处。兴国中学的第三任校长李瘦枝还给寺院题写了"唐兴国寺"匾额。1949年后，兴国中学停办。此后，西北军政大学、西北艺术学院又先后以这里为校址。现在的寺址上为陕西职业技术学院，而原来保存的3间大殿和东西廊房在2006年10月的大雨中已彻底垮塌。如今的寺院前只有两棵唐代栽种的柏树，其中一棵枝干粗壮，约有三四抱，至今枝繁叶茂，郁郁葱葱；另一棵被雷电劈死了半片，但残留的半片仍然倔强地挺立着，成为岁月的最好见证。

保寿寺

保寿寺是唐代名寺之一，位于唐长安城翊善坊。

此寺原本是唐玄宗时的宦官高力士位于翊善坊的一处宅院。天宝九载（750），高力士舍宅为寺，即保寿寺。此寺新建成之际，铸造了一口大钟，高力士专门为此设斋庆祝，鉴于高力士之权势，满朝文武官员都来到贺。按照规则，到贺的官员都可敲击此钟，但击钟后即需现场施舍铜钱。此钟声音洪亮，敲击时回音不绝于耳。除了大钟外，寺内还修建了藏经阁，做工奇巧。另珍藏有唐代著名宫廷画家张萱所画的《石桥图》，栩栩如生，价值连城，原是唐玄宗赐给高力士的，后来便保留在寺院中。寺内还有先天菩萨群像雕塑，是双流百姓刘乙请匠人塑造的。

此寺高僧辈出，来自西域的大师不空三藏曾在此寺小住月余，他的弟子众多，其中就有"六哲"中的保寿寺元皎和觉超两位大师；唐代学识渊博的圆照大师也曾在此寺居住。圆照大师曾参加过唐开元年间（713—741）组织的译经事业，并在唐代宗时期参与编纂了《敕金定四分律钞》，平息了律宗两派的争议。

此寺还是长安城内俗讲极为兴盛的寺院之一。会昌元年（841），有赐紫引驾大德体虚法师在此寺讲《法华经》。会昌五年（845）唐武宗灭佛时，长安城内大量寺院被损毁，此寺亦不能幸免。唐武宗之后，城内的一些寺庙又得到了恢复，一些寺庙从名称来看明显是为祈福而恢复的，保寿寺便是其中之一。

章敬寺

章敬寺是中晚唐时期的名寺，位于通化门外。

此寺原本是鱼朝恩宅第，大历二年（767），鱼朝恩以为章敬太后祈福为名，献出自己位于通化门外的宅第，唐代宗将其改建成寺院，故以章敬命名。此寺规模极大，建筑宏伟，极其豪华，殿宇总共有4130余间，分为48院，是记载中规模最大的寺院。初建时因为建筑木材不够，所以将曲江亭馆、华清宫观风楼、百司行廨及将相没官宅舍等统统拆毁，所得材料全部为其所用，花费以万亿计。寺院建成后，鱼朝恩还邀请郭子仪一起游寺院。

唐德宗时，重修章敬寺，命当时著名的画家周昉为章敬寺画神像，周昉在虚心接受各方意见之后，用时一个多月完成任务，见者无不赞叹其作精妙。此寺因规模宏大，故僧侣众多，仅大历三年（768）春，唐代宗临幸该寺，一次就度僧尼上千人。因地理位置特殊，此寺还成为皇帝临幸行香、朝廷迎来送往的一个重要场所。贞元七年（791），唐德宗与群臣在该寺唱和，德宗亲自作《七月十五日题章敬寺》一诗。唐穆宗时，李光颜上任出发时，官员们就在章敬寺为他送别，当时穆宗也亲临通化门为他送别。会昌二年（843）二月，太和公主自回鹘还京，武宗令文武百官等在章敬寺门前立班等候迎接。

此寺名僧辈出，著名的有怀恽禅师。怀恽禅师又称百岩禅师，他于元和三年（808）奉召来京，敕令于章敬寺中安置，故又称章敬和尚。元和十年（815），怀恽禅师在章敬寺圆寂，宪宗敕令为其立碑于寺门，由贾岛撰文记述其功德。另外权德舆也作《唐故章敬寺百岩大师碑铭并序》，对怀恽禅师的事迹进行了详细记载。现已无存。

宝应寺

宝应寺是中晚唐时期较有影响的寺院之一，位于唐长安城道政坊。

此寺原是代宗时宰相王缙的私宅，王缙乃是唐代大诗人王维的弟弟，受其兄影响，从小好佛。晚年的王缙权倾朝野，尤其好佛，经常舍家财与寺院，并与高僧广德等来往密切，高僧广德圆寂后，他还为其撰写了碑铭。大历四年（769），王缙为其亡妻李氏追福而舍宅为寺，请唐代宗御赐"宝应"二字作为寺名，并度30名僧人入寺。

宝应寺建立后，因为王缙的关系名气很大，游客如云。唐代诗人段成式有《游长安诸寺联句·道政坊宝应寺·僧房联句》诗云："古画思匡岭，上方疑傅岩。蝶闲移忍草，蝉晓揭高杉。"各地节度使、观察使来京述职时，王缙必要请其到宝应寺观瞻祈福，并暗示他们捐助财物，帮助修缮寺院，故此寺之规模和装饰在当时均为上乘。寺内有诸多唐代名画家的作品，如韩滉画的释梵天女，寺院西塔院墙上还有边鸾所画的牡丹，尤为时人称道。现已无存。

三阳寺塔

三阳寺

三阳寺位于今西安市高陵区东南。寺内有一座唐塔，称"高陵塔"，又名"昭慧塔"，或称"三阳寺塔"，是陕西省第一批重点文物保护单位，现在位于高陵中学内。

该塔建筑年代不详，可能是唐代大中年间（847—860）建造的。古塔原来位于昭慧院内，故名昭慧塔。因昭慧院地处泾阳、咸阳和渭阳三地交界处，故又称三阳寺，塔因寺名，亦称三阳塔。此塔是唐代重要佛教遗迹之一，共13级，高53米，是一座八面密檐式砖塔。塔顶是圆形宝瓶式，底层南北有两个券门，其余各层正东、正南、正西、正北面均有券门。每层叠涩出檐，然后反叠涩内收，各檐角微微上挑，并挂有铁铃，结构精巧。塔身上布满小孔，应该是为了通风。塔内有旋转式楼梯，可以攀登至塔顶。此塔建成后，颇受历代名人青睐，为其题字挂匾者不在少数。如明成祖朱棣在永乐四年（1406）驻军高陵时，曾亲自为古塔题"峻极神功"四字；明正德三年（1508），明武宗朱厚照登塔庆功，题"天下奇观"四字。塔内现在珍藏有明清及民国时期的匾、联共54块，极其珍贵。此外，塔内外还保存有21尊汉白玉造像，均为雕刻艺术的传世之作。明代关中曾发生过两次大地震，昭慧院和三阳寺塔也遭到了破坏。当时的寺院住持满憨筹集物资，对寺院和古塔进行了重修。但清朝末年以来，此寺逐渐没落，书法家于右任在《游三阳寺》中指出此寺已经"庙破竟无僧"，一片荒凉景象。1981年政府拨款对古塔进行了维护，此后还在塔角恢复安装了108个风铃，清风徐来，铃声叮当，别有意境，吸引了无数前来观瞻的游人。

石佛寺

　　石佛寺是隋唐时期的古老寺院，具体建立年代不详。位于西安市长安区斗门镇新庄村西。

　　此寺初建于沣河东岸，明朝时，战乱和水灾将沣河两岸的房屋夷为平地，只剩下寺院里的石佛还矗立在岸边。后来几个当地的张姓村民想把石佛抬到别的地方重新供奉，但因石佛太重，只抬了500多米便抬不动了。村民便就地修了围墙，安置好石佛，成为今天石佛寺的地址了。几个抬石佛的村民也就地安家，成为后来的新张庄，即今天的新庄村。1949年后，当地陆续发掘了不少古寺遗珍。如20世纪50年代，当地人在地里挖出一个一人高的石佛底座；1979年，又发现一个高约13厘米的鎏金铜像，后来保存在小雁塔博物馆；还有一块刻有"长安县黄良镇石佛寺"的石头，现藏于西安碑林博物馆。

今天的石佛寺经过重建后，占地6000余平方米，拥有五开间的大雄宝殿、七开间的孔雀明王殿及其他殿阁若干。其中大雄宝殿的匾额是著名书法家和佛教协会会长赵朴初所题；而孔雀明王殿供奉的佛母孔雀明王像更是引人注目，像高约5米，重达2500千克，放置在1米高的石雕须弥座上，是国内目前最高大的孔雀明王铜佛像。今天的石佛寺珍藏有明代木刻印刷的三卷本古经书《佛母大孔雀明王经》，经文首页有两幅珍贵的插图，一幅是《释迦牟尼佛讲经图》，另一幅是《孔雀经曼荼罗图》，是密教的瑰宝。这本珍贵的木刻经本也使石佛寺成为西北地区唯一弘传佛母孔雀明王的主道场。

牛头禅寺

牛头禅寺是唐代樊川八大寺之一，位于长安区韦曲镇东南少陵原畔勋荫坡上。

此寺初建年代说法不一，有说建于唐贞观六年（632），亦有说建于唐贞元十一年（795）。

宋太平兴国年间（976—984），曾改名福昌寺，元祐元年（1086）恢复旧名，并沿用至今。牛头寺之得名据说与寺院的创建者遍照禅师有关。相传遍照禅师曾应邀赴律宗创始人道宣律师之宴，因宴会时菜肴未能及时上桌，遍照法师便以所带之牛头为食，吃罢后在沣峪口外破腹洗肠，因此而得名"牛头师"，故其所建寺院亦被称为"牛头寺"。

牛头寺地处长安城南风景胜地，清静雅致，又有杏花坪、九龙潭等名胜，所以吸引了不少文人雅士到此观赏，唐代诗人司空图专门作《牛头寺》诗吟诵此寺的美景："终南最佳处，禅诵出青霄。群木澄幽寂，疏烟泛沉寥。"武则天也曾到此观赏过，并赋《游九龙潭》诗一首，赞美胜景。九龙潭水甘甜清冽，千百年来取之不竭，1900年，慈禧太后来西安避难时，曾每天派人取此水供其饮用。

明嘉靖五年（1526），为纪念唐代大诗人杜甫，在寺内兴建了杜工部祠。明清两代都对寺院进行了修缮，使其香火得以延续。1997年以后，该寺得以重修。今天的牛头寺保留了唐代所立的一方石刻陀罗尼经幢，高约1.67米，八角形，8面都刻着由不空三藏翻译、沙门词诰所书的《陀罗尼经》；还有金大定九年（1169）立的《守护法藏戒文碑》，碑额刻有画像。此外，殿前还有相传为唐代种植的一株千年龙爪槐，高约丈许，盘曲如龙。1956年被公布为第一批陕西省重点文物保护单位。

平等寺

平等寺是一座千年古刹，位于西安市长安区灵沼乡阿底村。

平等寺的原址是西周文王时所建的灵台遗址。周文王伐商成功后，为纪念在朝歌蒙冤而死的忠臣及伐商战争中牺牲的将士，特意夯土建造了一座高台建筑——灵台，以祭祀忠魂。灵台除了祭祀之外，西周时还在此观测天象、占卜大事、号令天下等。周文王曾多次在台上占卜祸福，为民解难。为了进一步提高国人的知识水平，促进社会进步，周文王还在灵台附近开辟了一方净土，并引沣水环绕，史称"辟雍"，即我国早期的中央学校。西周时灵台一直发挥着重大作用，但随着周室东迁，灵台也逐渐被废弃了。

到唐代时，辟雍已经无存，但灵台遗址还在，只是面积大为缩小。唐代便在此台基上建造了平等寺。明时秦王在古灵台顶上重修寺庙，并由僧人维护。清乾隆三十九年（1774），巡抚毕沅对灵台进行了修葺，但在清朝末年的大动乱中，灵台和平等寺都遭到了巨大的破坏。

1949年后，寺内还保留有高约27米、南北长12米、东西长12.1米的周文王灵台遗址，以及建立在遗址上的文王古殿。寺院和周文工灵台同居一地，是自周至唐文化绵延不绝的最好证明。20世纪90年代后，此寺进行了大规模修复，现在的寺院由比丘尼住持，常年香火不断。

万寿寺

万寿寺是西安市重点文物保护单位，位于西安市东郊韩森寨附近的西光中学校园内。

此寺原址相传是唐代章敬寺所在地，明朝万历年间（1573—1620）对其进行了修缮，清朝乾隆年间（1736—1795）改寺名为"万寿寺"。今天寺院早已荡然无存，独留一座古塔，从其造型风格来看应是明代所建。这座塔因万寿寺之名而被称为万寿寺塔。此塔共6层，为六角形的楼阁式砖塔，用青砖黄泥堆砌而成，总高约22米，底层每边长约3米。塔身第一层到第三层为正六边形空心结构，内部直径约为1.2米，第四层到第六层为六边形实心结构。每层塔檐下都有两排菱角牙子，叠涩出檐。第一层塔檐下有砖雕斗拱，并装饰有莲花和蔓草花纹；第二层檐下有卷草花纹和砖雕斗拱；第三层正北处辟有一门，门楣上部有砖刻的楷书"藏经塔"三字；塔顶上有一个仰莲托琉璃宝葫芦塔刹。1949年前后，此塔尚保存完好。但20世纪70年代挖防空洞，导致塔基下沉，塔身向西北方向倾斜。再加上2011年5月，西安市连降大雨，此塔倾斜度骤然增大，且持续加剧，倾斜最大时达到2.64米。面对岌岌可危的古塔，文物部门对其采取了一系列加固纠偏的保护措施，将百年古塔扶正，塔身也完好无损。

万寿寺塔

水陆庵

水陆庵原名水陆殿，是六朝名刹，位于西安市蓝田县城东10千米的普化镇王顺山下。

此庵所处位置三面环水，背后有青山耸立，周围有河水

水陆庵壁塑

环绕，故称水陆庵。

此庵原来是唐代悟真寺的下院，是当时举行"水陆道场"的重要场所。悟真寺衰落后，原来殿阁林立的下院只剩下水陆庵这一个大殿。明朝时，秦王常常游历此地，因为喜欢这里的美景，便将此庵奉为王府佛堂，并用了5年多的时间对其进行大规模的整修。

此庵现在规模不大，但拥有目前国内保存最大的壁塑群。这些塑像除少量是唐至五代时期的遗存外，绝大多数是明嘉靖四十二年（1563）到隆庆元年（1567）秦王请名师塑造的。庵内的壁塑全部在诸圣水陆殿里，共分为南北山墙、殿中正隔间两壁及两檐墙四部分，目前保存下来的有3700余尊。殿中正隔间的彩塑人物有释迦牟尼、阿弥陀佛等，南北墙上的彩塑则是采用连环画的形式，演绎了佛祖释迦牟尼的降生和涅槃故事。值得关注的是，此庵内所有的观音菩萨造型虽慈眉善目，但都留有胡须，在国内比较罕见。除了人物塑像，还有亭台楼阁、山水园林、花鸟虫鱼等。这些塑像中的亭台、殿宇金碧辉煌，人物形象逼真，花鸟虫鱼生动细腻，集绘画、建筑、音乐、雕塑于一体，是我国古代雕塑艺术的宝库，被誉为"中国的第二个敦煌"。

1996年水陆庵被确定为全国重点文物保护单位。从2004年开始，为了更好地保护和保存水陆庵泥塑，西安文保修复中心与美国西北大学合作，对此庵的壁塑采用了三维扫描及数字化图像制作技术，使这一重点文保单位的各种大数据得以长久保存。

广仁寺

广仁寺是陕西省唯一的藏传佛教寺院，是全国唯一的绿度母主道场。它是西北青藏一带的大喇嘛进京路过陕西时的行宫，又称"喇嘛寺"，位于西安明城墙内西北角。

广仁寺始建于康熙四十四年（1705），是康熙皇帝来陕西巡视时拨专款敕令修建的，目的是尊重蒙古族、藏族的宗教习惯，维护民族团结，巩固西北边陲。广仁寺坐北朝南，布局奇特，从山门到后殿逐渐递减，前高后低，与一般寺院的前低后高截然不同，整体形似一条卧龙。寺建成后，康熙帝赐其名为"广仁寺"，寓意"广布仁慈"，并亲自书写了"慈云西荫"横匾，撰写了《御制广仁寺碑铭》。这3个真迹成了广仁寺的"三大御赐品"。寺院建成后，还被钦定为弘扬

喇嘛教格鲁派"缘起性空"学说的专门道场，西北地区的活佛和喇嘛路过陕西时，都要来寺院里瞻仰膜拜。每年农历十月二十四、二十五日，寺院还会举行纪念喇嘛教黄教始祖宗喀巴成道日的灯会，届时，善男信女蜂拥而至，钟鼓齐鸣，灯火辉煌，热闹非凡。

广仁寺具有浓烈的藏传佛教特色，同时也是文成公主在长安的供奉地，殿外装饰有法轮，殿内供奉着宗喀巴的铜像，还供奉着世界上少有的佛祖释迦牟尼12岁等身像，以及陕西省境内最大的千手观音。因为此寺是喇嘛庙中主修密宗的，因此寺内还有许多铜铸的牛头佛、马面佛及双身佛等。广仁寺是藏汉文化交流、民族团结的见证。1983年，广仁寺被国务院列为汉族地区佛教全国重点寺院。

道 教 宫 观

青华宫

青华宫是一座历史悠久的皇家庙院，位于西安曲江新区春临村。

青华宫始建于周武王伐纣时期（约前1046），是当年镐京东南郊外所建的太乙祖庙旧址。作为一座皇家庙院，其历史上规模宏大、香火旺盛，汉武帝刘彻和唐太宗李世民都曾来此祭拜太乙神。此庙供奉的主神是青华大帝太乙救苦天尊，另外还有三清道祖、关圣帝君关羽祖师、纯阳帝君吕洞宾祖师、文昌帝君、慈航真人、樊梨花元帅等神灵。每逢诸神诞辰之日，各地信众便会纷至沓来，祈福消灾。关于此庙有许多美丽的传说。据说，当年苦守寒窑的王宝钏每逢初一、十五都会到青华宫朝拜，求太乙救苦天尊保佑夫君平安归来；唐朝护国元帅樊梨花也是在此得到太乙救苦天尊点化，最后得道成仙，因此青华宫被台湾信徒公认为供奉樊梨花元帅的祖庭，每年都会组团前来朝拜。1919年，时任住持的道长侯理华，根据青华大帝太乙救苦天尊身居青华长乐世界，而更此庙名为"青华宫"。太乙救苦天尊是中华教化众生之先天教主、慈善之祖宗，故此庙也成为道教太乙祖庭和慈善祖庭。1997年，黄世真道长出任青华宫住持后，筹集资金，对已濒临倒塌的大殿进行了重修，并彩绘殿壁、重塑神像，还收回汉代石羊一对、明朝皇帝敕封张三丰真人的圣旨石碑一通以及清代的铁磬一个，使古庙略具往日风采。黄道长还积极开展对外友好往来活动，先后接受了多个国家和地区的道教信徒前来学习和交流，既使中国传统的道教文化得到了宣传，又使古观具有了一定的国际知名度。

楼观台

　　楼观台是中国最早的道教圣地，迄今已有3000余年的历史，是陕西省重点文物保护单位，位于秦岭北麓中部的西安市周至县境内。此地南依秦岭，山清水秀，风景优美。

　　楼观台的主要宫观有两处：一是宗圣宫，据说春秋时期的函谷关关令尹喜曾在此结草为楼，观测星象，因而得名"草楼观"或"楼观"；另一处是说经台，位于宗圣宫以南1千米处的高岗上，相传道教的创始人老子就是在这里写下著名的《道德经》，以传经布道的。楼观台在北魏、北周时都得到大力扩建，并召集高道为此观学士，成为当时北方道教的重镇，同时也成为北方道教的大宗。唐朝皇室尊奉老子为远祖，因此道教空前兴盛，此观也迎来大发展。武德七年（624），唐高祖李渊对此观进行了大规模扩建，并改观名为"宗圣宫"，确定其为朝廷祭祀老子的专门道观。唐玄宗时期，再次对此观进行扩建，使其成为当时规模最大的皇家道观和道教圣地。

金元时期，楼观道派并入全真道，此观又成为北方全真道的主要道场。明清以后，此观虽然屡有修建，但规模已远不如前。清末时，宗圣宫已经被完全毁坏，只有说经台还较好地保存了明清时期的建筑。"文化大革命"期间，此观遭到严重破坏，宗圣宫残留的建筑全被拆毁，说经台也有部分毁坏。20世纪80年代以来，政府对楼观台进行了规划和修复，除了新建的楼阁殿宇外，楼观台现存有说经台、宗圣宫、尹喜墓、炼丹炉、吕祖洞等文物古迹，还有历代大量的碑碣、诗词字画等，以及古树名木数百株，这些都是重要的文化瑰宝。现在的楼观台既是道教的活动中心，也是著名的风景区，已接待大量国内外游客，是西安的旅游热门景区之一。

楼观台

丹阳观

丹阳观是一处历史悠久的道家圣地，位于西安市周至县竹峪镇。

此观始建于商周时期，当时称为"洞清庵"。据说，周文王姬昌曾在此地朝圣，因为神庙建在土石洞中，故名。隋朝末年，江苏丹阳人许浑曾在此庵附近建造宅院，与其兄一同隐居。后来他又出资扩建了洞清庵，并将其改名为"丹阳观"，一直沿用至五代末期。宋代以后，此观又改为"洞清庵"。元初，全真派王重阳的大弟子马钰（号丹阳子）入住此观，并在这里修建了一座规模宏大的"斗姥元辰楼"。后来，在"三教合一"观念的影响下，此观还先后修建了朱雀塔和玄武塔，并盖起了朱雀、玄武、青龙和白虎塔庙，同时还在对面的栖云庵大院正中央建起了一座六层的紫云塔。如此一来，丹阳观的东、南、西、北、中都有高塔鼎立，盛况空前，成为关中一大胜景。

金大定二十三年（1183），马丹阳去世，为了纪念他，此观又复名"丹阳观"，并在观中前院为其修建了一座丹阳宫，随后还扩建了玉凤山、翠屏山、葫芦山、栖云庵、八仙洞等景点。清康熙帝时，又敕旨重建了此观，使其规模达到了极盛，占地500亩，观内道士上千人。康熙帝还亲笔题写了"丹阳观"匾牌，至今仍然悬挂在此观的玉皇阁。民国初年，此观屡遭兵灾，只留下了后院、玉皇阁、三清殿、南北殿等少量建筑，其他30余座庙宇荡然无存。现在的丹阳观仅剩一座玉皇阁。2009年后，丹阳观进行了重建。

镐京观

镐京观位于西安市长安区斗门镇镐京村,坐落于西周都城丰镐遗址内。

此观初建于西周后期。镐京是西周都城,周平王东迁后,为祭祀先王,在镐京修建了镐京观。北魏孝文帝太和二十一年(497),为了祭祀周天子,孝文帝下令重修了镐京观。镐京观原有3座门,其中中门镶有楷书"镐京观"匾额,门内有戏台,台前有广场、阅台,并建有无量天尊殿和武王殿,殿内供奉有文、武、成、康4位周王的塑像。元代时对此观进行过重修,并刻碑为记,即《重修镐京观碑记》。清咸丰年间(1851—1861),此观在战乱中损毁严重。光绪年间(1875—1908),当地村民薛富阳先生筹资对此观进行了修缮。

1949年后曾在此观内开办小学。2003年,当地村民又募资对此观进行了修缮,翻修了武王殿,重塑了武王像,基本恢复了其原貌。现在的镐京观占地面积约4000平方米,有大殿及厢房11间,观内大梁上画有各种图案。农历的各种节日,镐京观都会举办庙会,届时会有无数信众前来上香祈福。

骊山老母宫

骊山老母宫是一座著名的道教宫观，位于西安市临潼区骊山西绣岭第二峰上。

此宫始建于秦，唐初进行了重建，并开始称为"老母祠"。骊山老母是中国民间传说中的女娲，她既是道教传说中的一位女神，也被看作中华民族的始祖之一。中国的很多地方都为她建立了神庙，但以骊山上的老母宫最为著名，据说她曾在此山炼石补天。明万历四十七年（1619）曾对此宫进行过大规模修缮，使其能够保存至今。此宫现占地8000多平方米，较好地保存了山门、三仙殿、祭殿、主殿等建筑。主殿供奉的是骊山老母金身神像，三仙殿内供奉的是云霄、琼霄、碧霄3位女仙神像。明崇祯八年（1635）曾在主殿后修过一座两层高的藏经楼，可惜现已无存。此宫保存下来的文物有明代铸造的铁锅、铁缸及铁磬各一，以及立于唐广德元年（763）的一

骊山老母宫

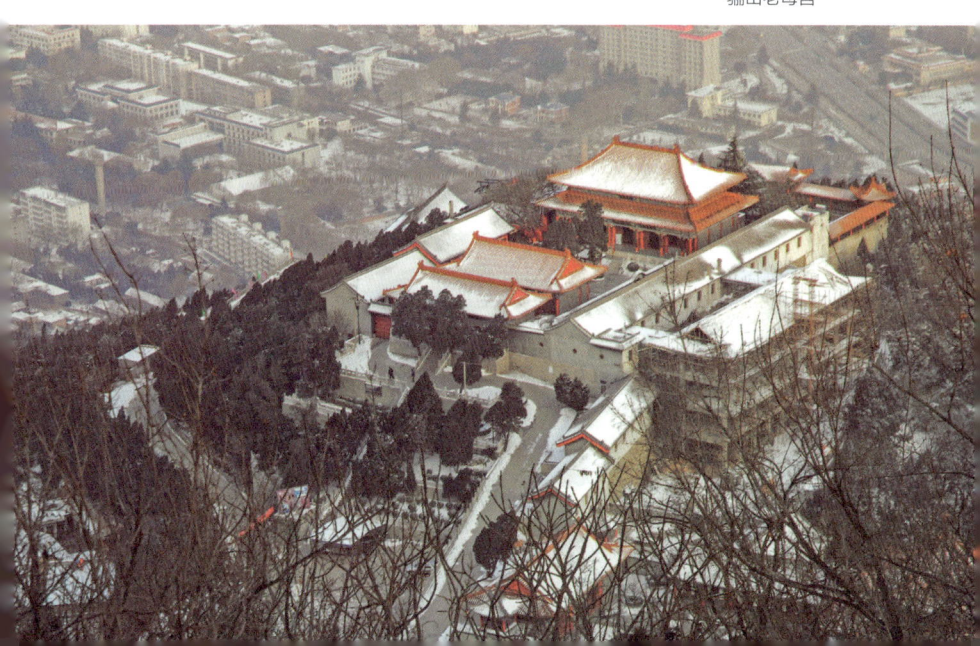

通石碑——《骊山老母授经碑》，碑文记述了唐代道士李筌在骊山脚下巧遇骊山老母，并得其亲授《阴符经》之义的经过。《阴符经》全称《黄帝阴符经》，是一部与《道德经》齐名的道家经典。1949年后老母宫在维持其明清格局的基础上进行过两次修缮。2001年在时任住持陈圆明道长的筹措下，此宫进行了大规模的扩建，成就了其雄伟肃穆的现状。每年正月二十、四月初八和六月十五是骊山老母会，周边民众会前来朝拜老母，以纪念其补天之功。

赵公明财神庙

赵公明财神庙位于中国民间传说中主管财源的神明——赵公明故里，即陕西省周至县集贤镇赵代村。

赵公明，姓赵名朗，又称玄朗，字公明，是周至县赵代村人，其出生羽化都在此地。传说赵公明为避秦朝战乱，在蜀中精心修道，被天师张道陵收为徒弟后，替天师守护丹室，被封为玄坛元帅，是道教的重要护法神之一。在《封神演义》中，赵公明又被姜子牙封为"金龙如意正乙龙虎玄坛真君"，与招宝天尊萧升、纳珍天尊曹宝、招财使者陈九公及利市仙官姚少司合称"五路财神"。五路财神中，赵公明是华夏第一正财神，他统率其他四路财神，专司招财进宝、迎祥纳福之事。现在的赵公明财神庙是在其遗址上扩建而成的，占地约35万平方米，其核心建筑群包括赐福殿、财神殿和三霄殿。财神殿是重檐歇山顶式建筑，也是整个庙宇的核心建筑，共

财神庙

4层，高34米，供奉华夏正财神赵公明。其形象为头戴黑铁冠，手执玄铁鞭，黑面浓须，骑一匹黑虎，威猛无比。三霄殿供奉的是赵公明的3位同门师妹云霄、碧霄和琼霄。财神殿四周还有偏殿，供奉有妈祖、黄大仙、关羽、文财神和武财神等，构成一个比较完整的华夏财神体系。庙区的西北角建有赵氏宗祠。赵姓位于百家姓首位，赵姓中又以赵公明最早，所以赵公明既是财神，也被赵氏子弟奉为先祖。当地的村民在赵公明诞辰日——每年的农历三月十五日前后都会举办为期3天的财神庙会，以求招神进宝，降福消灾。每年的六月初六是赵公明的逝世日，这天村民也会举办隆重的纪念活动。现在的赵公明财神庙既传承财神文化，又开发当地的民俗文化旅游，成为集道教文化与现代生活于一体的旅游景区。

太白庙

太白庙位于西安市灞桥区新筑街道新农村，是一座道教宫观。

此庙始建于汉朝，兴盛于明朝。庙内主供道教三大太白神，大太白被封为福应王，二太白被封为普济王，三太白被封为惠明王。三太白主管人间福祸善恶、功名利禄。明洪武年间，此庙规模最大，殿宇宏伟，正殿三进，殿台楼阁，香火旺盛。清乾隆四十二年（1777），陕西巡抚毕沅路过此地，因梦见一位鹤发童颜的老者对他进行点化，遂对此庙进行了重修，并题写了"昭灵普润"四字匾额。陕西总督白如梅题写的"金精灵泽"匾额，悬挂在此庙的墙壁上。"文化大革命"期间，此庙惨遭损毁。2000年，在社会各界的努力下，在原庙址基础上对太白殿进行了恢复重建，使其成为正式宗教活动场所。每年的农历正月二十三和九月初九是太白庙的传统庙会，届时会有大量信众前来朝拜。

玄都观

玄都观是隋唐长安城的著名道观，位于唐长安城崇业坊内。

此观曾是一座辉煌壮丽的皇家道观。隋文帝曾由尼姑抚养成人，因此极其尊崇佛道二教。开皇二年（582），隋文帝将原为北周武帝所建立的位于汉长安旧城的通道观迁徙至崇业坊，并改名"玄都观"，与位于其东边的大兴善寺为邻。隋初宇文恺在建造大兴城时，以城内自南向北的6条高岗象征乾卦六爻，为"九五尊位"，此尊位只宜帝王居住，常人百姓却不能居此，故宫室、官署、寺观等建筑都分布在这六爻之上。因此，在城南朱雀大街两侧的兴善寺和玄都观都是在上述设计理念下兴建的。

唐朝时此观仍是皇家第一道观，唐初擅长画释道人物的著名画家范长寿还为此观绘制了精美的壁画，更有高道王延、李遐周、叶法善、尹敬崇、牛弘满等出任观主或在此居住。唐初任此观观主的尹敬崇与道士史崇率领全国高道数十人一起编写了《一切道经》，为中国历史上第一部道藏《开元道藏》做了前期准备；祖籍陇西的牛弘满出任观主期间，经常出入皇宫，与皇亲国戚交往颇为密切，使道观得到丰厚的赏赐；天宝年间（742—756），道士荆胐因道学深奥，为时人崇尚，连太尉房琯也对其以师礼相待，朝中名士更是无不与荆公交游；出自道教世家的叶法善更是深得李唐皇室尊崇，是国师级的道教大法师，他羽化后，玄宗皇帝亲自为其撰写了《叶尊师碑》。隋唐时期，观内遍植桃花，引得游人无数，唐代诗人刘禹锡在元和十年（815）承召至京时写下了著名的《玄都观桃花》："紫陌红尘拂面来，无人不道看花回。玄都观里桃千树，尽是刘郎去后栽。"大和二年（828），刘禹锡再返长安，旧地重游，再次写下了《再游玄都观》："种桃道士归何处？前度刘郎今又来。"可惜的是，当年名噪一时的玄都观如今却在历史的变迁中荡然无存。

至德观

至德观位于长安城兴道坊西南隅。此观始建于隋开皇六年（586），是隋文帝为女冠孟静素所立的。隋文帝立国初，大兴佛道，征召天下高僧名道入京，孟静素应征入京，文帝为其修至德观居住。孟静素在此观中与公卿文士讲道论经，吸引无数人前来问道。孟静素一直在此观居住，直至贞观十二年（638）在此观去世。除了孟静素，唐代出任此观观主的还有女道士元淳一。出土的唐代《故上都至德观女道士元尊师墓志》载，元淳一在"天宝初，度为女道士，补至德观主"。宣宗时，此观可能被改为道士观，原因是宣宗有一次微服至至德观时，看到其中的女道士个个盛服浓妆，遂大怒，令左街功德使宋叔康将其尽数驱逐出观，另选两名男道士住持此观。后已无存。

开元观

开元观位于唐长安城永乐坊。此观是由建立于隋开皇七年（587）的清都观改名而来的。

隋文帝时，有位叫孙昂的道士特别为文帝所看重，为了方便向他问道，文帝为他在都城的永兴坊建立了清都观，供其静修。武德（618—626）初，此观迁至永乐坊原隋朝宝胜寺之址。此观在隋唐时期大德辈出，唐代有道士张慧元长居此观，他道风严谨，喜欢与人论道，并擅长琴艺与书法，弟子门人无数。当时朝中权贵于志宁和许敬宗等人与其尤为交好。永徽年间（650—655），他在观中无疾而终。此外，有"科仪三师"美誉的道门大师张万福曾隶属于此观，世人称其"张清都"。张万福是名道史崇玄的弟子，原为太清观道士，后来太清观在先天二年（713）被废，张万福随之转入清都观。他是继刘宋陆修静之后对道教斋醮科仪编撰做出重大贡献的人物，他编纂的《三洞众诫文》《三洞法服科戒文》等书，为规范道士行为和整理道教仪式做出了重要贡献。

开元二十六年（738），此观改名为"开元观"。当时堪称天下道门领袖的高道申甫被唐玄宗召入京师时，也住在此观。申甫在这里讲道论法，招收门徒，门下弟子吴善经成为继他之后唐代道教界的最高领袖。吴善经后来在此观为其师和祖师泉景仙立了两通石碑，以作纪念。吴善经虽隶籍太清宫，但长期在开元观中居住，也在此观中去世，故时人称其为"开元观法主"。

开元二十九年（741），唐玄宗夜梦太上老君的真容，于是诏令天下诸州道观皆立《梦真容敕》，而这件事情最早也是从开元观开始的。开元观在唐代地位显赫，观中除了供有玄宗真容，还供奉有活跃在玄宗、肃宗时的高道翟乾祐和来自南昌的万振遗像，另外还有来自高句丽权臣渊盖苏文族裔的清简泉景仙遗像。万振属于旌阳许逊派，在唐初的洪州有很大影响力，连高道叶法善也曾向其问道。高宗显庆二年（657），万振受诏入京，被安置在还未改名的清都观中。万振在长安居留不过5年，但却形成了巨大的影响，其所在的道派主要在长安开元观得到了传承。

五通观

五通观位于唐长安城安定坊东北隅。

此观始建于隋开皇八年（588），是隋文帝为道士焦子顺所建的道观。焦子顺号焦天师，道法高超，能驱使鬼神，授受符箓，预知天命，深为文帝敬佩。文帝即位后赐其上开府、永安公、徐州刺史等禄位，焦子顺全不接受。文帝常常向其咨询治国之策，担心他往返宫中过于劳累，特意为其在离宫城最近的地方选址建立五通观居住，以"五通"为观名是旌奖其道法神妙。除了焦子顺，隋代还有道士辅慧详居住在此观，辅慧详3年不言，专心校勘修改《涅槃经》为《长安经》，后因被人发现而被处死。

唐初，此观是道教义学的一大中心。贞观二十一年（647），玄奘与道士蔡晃、成英等在此观中钻研探讨，将《道德经》翻译为梵文，而诸道士也多采用佛经中的论点，力图将《道德经》翻译得深入浅出。今天安徽省博物馆还珍藏了五通观道士于显庆元年（656）所抄写的敦煌写本《太玄真一本际经》。

不过唐宪宗时期，此观似乎已经变成了女冠观。根据已出土的《大唐五通观威仪兼观主冯仙师墓志铭并序》所载，元和四年（809），五通观主女冠冯得一逝于此观。冯得一聪慧博达、道行高深，被徒众公推为道门领袖，她为道教的发展做出了重大贡献。此观现已无存。

安乐宫

安乐宫原名宝宁寺，位于翠峰山谷西 1 千米的安乐山。

此观始建于隋，隋文帝开皇二十年（600），为摆脱宫廷内部复杂的政治斗争，隋文帝第三子安乐王远离宫廷，隐居于此，此地因而得名"安乐宫"，一直沿用至今。唐朝时，此观极为兴盛。后道家全真派创始人王重阳的弟子丘处机在此修行。

此观位于翠峰山腰，有正殿、厢房等，正殿供奉有儒、释、道三教合一的神像，右边是至圣先师孔夫子，中间是一座石佛，左边供奉着太上老君。三尊圣像栩栩如生，各具神采。因为中间的石佛是用青石雕刻的，故又名"石佛寺"。安乐宫东峰有三清殿，殿内供奉着道教至高无上的尊神——"三清"。中间是元始天尊，左边是灵宝天尊，右边是道德天尊。

每年农历正月初九和六月十九都要在此举行隆重的道场，祈福消灾。观内碑石林立，优雅清静。20 世纪末在当地政府的保护开发下，此观得到了很好的修缮。现在此观由全真派第 22 代传人李理强道长担任住持，在李道长的积极经营下，安乐宫声名远扬，不仅成为游人的听经祈福之地，也是养生品茗之所。

广泰庙

广泰庙位于西安市未央区广大门村,是全国唯一一座供奉判官的道教庙观,故又称"判官庙"。

此庙始建于唐武德六年(623),位于长安城正东门广泰门处。当时有方士云游至此,认为此地乃龙气聚集之地,遂建议皇帝在此建庙。庙建好后,每逢天旱,在此祈祷,必降甘霖。后有传闻贞观三年(629)唐太宗梦游地府,崔判官为其延寿续命,此庙遂名气更盛。崔判官即崔珏,是隋唐时期人,据说其能昼理阳间事、夜断阴府冤,且断案如神,故被李世民封为判官。

广泰庙从唐代以来就香火鼎盛,历经宋、元、明、清而香火未断。长安人凡是有诉讼之事,都会去判官庙寻求公判。但由于广泰门位于东西交通要道,且是长安城之门户,故乃兵家必争之地,历代屡遭兵火破坏,建庙的石碑也无以保存。明嘉靖年间(1522—1566),道士程诚筹资在长安城内苑广泰门遗址处重修殿堂,重塑神像。1949年时已破旧不堪。"文化大革命"期间,此庙遭到严重破坏,神像也被尽数毁坏,只有两座殿堂得以幸存。改革开放后,当地群众筹资在原址上新建了庙宇,使建筑面积达到1000多平方米,并重塑了崔判官、药王孙思邈和太白金星等神像。每年的农历三月二十七日是广泰庙庙会,届时有数万善男信女前来祭拜。

昊天观

昊天观位于唐长安城保宁坊。

此观原为唐太宗时晋王李治旧宅。显庆元年（656），唐太宗去世后，高宗李治为其追福，遂将此宅改为道观，名"昊天观"。高宗亲笔题写了匾额，并制《叹道文》。当时的楼观宗圣观主尹文操因道行高卓，被任命为昊天观主，修《玄元皇帝圣纪》一部，共10卷，总共百十篇。此书完成后，高宗终日翻阅，不离案头，并要加授尹文操为银青光禄大夫、行太常少卿，因其坚辞不就而作罢。

此观在唐代时面积很大，占有保宁坊全坊之地；东西与南北各约550米，经考古实测总面积约30万平方米。昊天观虽在京城之中，然而风景清雅，似人间仙境，引得朝士往来不绝，连高力士也与观主尹文操交往密切，并拜在其门下，听其宣扬道法。观内的殿堂、雕塑、绘画等，都是由尹文操主持日常修缮工作，使得此观土木常新，长安城内的其他道观都无法与之媲美。

昊天观的清雅景致与其栽种了大面积的竹子有关，唐代诗人刘得仁有诗《昊天观新栽竹》云："清风枝叶上，山鸟已栖来。根别古沟岸，影生秋观苔。遍思诸草木，惟此出尘埃。恨为移君晚，空庭更拟栽。"后来新平长公主之女姜氏入道，卒于此观。

此观在宋、金、元各代均保存完好，明嘉靖二十九年（1550）和万历二十三年（1595）进行了两次大的修缮。后遭毁弃，时间不详。

东明观

东明观是唐长安城中著名的道观之一，位于长安城普宁坊东南隅。

此观始建于唐高宗显庆元年（656），是高宗为庆贺将代王李弘立为皇太子所建的，约占普宁坊四分之一地，建制风格仿西明寺。西明寺有10余座院落、13座大殿，楼宇馆阁4000多间，由此可知东明观之规模极大，极其华丽。观内长廊广殿、图画雕刻、道家馆舍，无以为比，因此皇室多喜欢前往此观游览。此观因与皇家关系密切，因此高道辈出，如张泰、李荣、冯黄庭、李正已、王虚真、孙思等人，不少道士还曾参与国家斋醮，这些人对唐代道教发展具有重大影响。从出土的唐《东明观孙思墓志》可见，墓主曾在东明观修持，并曾受诏为唐玄宗在宫禁之内行道设醮，深受玄宗嘉奖。除了孙思墓志外，观内还有道士冯黄庭和巴西李荣之碑。现已无存。

老君殿

老君殿亦称朝元阁、降圣观，是盛唐时期骊山上的一座著名道观，位于今西安市临潼区骊山西绣岭第三峰上。

此殿始建于唐高宗乾封元年（666），是为李唐皇室在骊山祭祀"大圣祖玄元皇帝"太上老君所专门建立的，故名"朝元阁"。唐开元二十九年（741），玄宗命著名画师吴道子在阁内画高祖、太宗、高宗、中宗及睿宗5位帝王的画像，并以唐代的名相名将画像作为陪祀。天宝七载（748），玄宗晚上梦见太上老君降临朝元阁，因此更其名为"降圣观"，并在观内供奉了用汉白玉雕刻的太上老君像。此像是唐代西域名家元迦儿所刻，造型逼真，刀法细腻，栩栩如生。主殿除了供奉老子外，还以南华真人庄子、通玄真人文子等为配享，并以唐玄宗李隆基和唐肃宗李亨的雕像侍立于左右。唐代老君殿的建筑高大宽敞，气势磅礴，极其宏伟，内部陈列也相当豪华。温庭筠有《老君庙》一诗记载了老君殿的庞大气势。老君殿的祭祀仪式非常隆重，唐玄宗每年都要来此进行祭祀，还在殿外专门修建了长生殿作为斋殿。唐后期，此殿逐渐失修。清道光二十九年（1849），殿内的3株古柏被风雨刮倒，砸坏了庙宇房屋。住持道士积极募资，在原址上重修了献殿、大殿等建筑。殿内现存有清咸丰五年（1855）所立的一通重修朝元阁石碑；还有一尊唐代雕刻的太上老君汉白玉像，被列为国家一级文物，现珍藏在陕西历史博物馆内。

太平观

太平观，为女观，位于唐长安城大业坊。

此观为太平公主所居的道观，初建于咸亨元年（670），最初修建在距宫城很近的颁政坊，是在杨士建之旧宅上改建的。太平公主为唐高宗李治和武则天所生，从小备受父母宠爱。由于唐高宗和武则天笃信佛道二教，故在太平公主的外祖母荣国夫人去世后，为了给其追福，就让年幼的太平公主出家为女道士，"太平"一名就是她的道号。因当时太平公主年幼，故虽号称出家，但并未入住道观。仪凤二年（677），吐蕃要求与太平公主和亲。在唐与吐蕃关系极其紧张，而唐王朝处于被动地位的情况下，为了冠冕堂皇地拒绝吐蕃的和亲请求，武则天再次让爱女出家修道，并赐其道号太平，同时为其在大业坊重建了太平观供其修道，而原来颁政坊的太平观则改名为太清观。大业坊的太平观原来是唐高祖李渊第十子徐王元礼之宅第。从仪凤年间出家，到开耀元年（681）出嫁薛绍，太平公主一直在太平女观居住。入嫁薛家后，公主便搬出此观。

太清观

太清观位于唐长安城金城坊（非上述颁政坊太清观）。

此观原是安乐公主的宅第。安乐公主先是嫁给了武三思之子武崇训，后来武崇训被杀，她从休祥坊移宅于金城坊，并改嫁武承嗣之子武延秀。安乐公主被杀后，此观由道士史崇玄住持，名为"太清观"。史崇玄本为一鞋匠，出身低微，入道后勤奋苦学，很快成为道教大师。高深的道教素养，加上他依附于太平公主，遂在政治上平步青云。景云二年（711），他主持了唐睿宗李旦两个女儿金仙公主和玉真公主的入道仪式，两位公主入道后，还拜他为师，这使得他在宫中的地位越发尊贵。他以道士身份在朝为官，并被封为河内郡公，可自由出入禁闱，得厚赏无数。玄宗即位之初，还诏令他率领京师诸观道士及昭文馆、崇文馆等的学士，撰写了大型道教辞书《一切道经音义》，对弘扬道教起了重大作用，玄宗还亲自为此书作序。如今书虽散佚，但序文却保留了下来。同时，他还自己编写了《妙门由起》1卷共6篇，阐述了道教、道经的源流。另外他还精通天文星占之术，写下一部12卷的《十二次二十八宿星占》传世。常年在太清观活动的还有史崇玄的弟子张万福，他是继刘宋陆修静之后对道教斋醮科仪的完善做出重大贡献的人物，他与陆修静和唐末五代的杜光庭一起被称为"科仪三师"。为了规制道教仪范，张万福编纂了《三洞众诫文》《三洞法服科戒文》等书，为规范道士行为和整理道教仪式做出了重要贡献。开元二年（714），史崇玄因参与太平公主谋逆被斩，此观也在此次平叛活动中受到破坏。太清观现已无存。

景龙观

景龙观位于唐长安城崇仁坊。

此观原为唐中宗长女长宁公主之旧宅。神龙元年（705），长宁公主斥巨资为自己在长安修建宅第，取已故高士廉之旧宅和左金吾卫官署合建为宅第。建成后的宅院殿阁楼台、假山流水，极其奢华。中宗和韦后多次临幸，并在此饮酒赋诗。景龙年间（707—710），韦后被诛，公主与驸马也被贬出京，其长安宅第对外出售，仅木石等建筑材料就价值不菲，其他假山流水之类的还没有包括在内，但并未卖出，后又奏请舍宅为观，是为景龙观。景云元年（710），唐睿宗即位，于次年铸成一口重达6吨的铜钟悬挂在景龙观内的钟楼上，称"景云钟"。此钟高247厘米，腹围486厘米，口径165厘米，形状上锐下侈，口为六角弧形。钟身周围自上而下分3层，每层用蔓草纹带分为6格，每格均铸有纹饰，分别为飞天、翔鹤、走狮、腾龙、朱雀等，精巧细致，生动形象。钟身正面有多达292字的铭文，讲述了景龙观的来历和铜钟的制作以及道教的教义，是睿宗亲笔书写的。道光年间（1821—1850），景龙观被毁，景云钟被就近移入建于金元时期的迎祥观内，现在完好无损地珍藏在西安碑林博物馆。此观在唐朝时地位颇高，先天二年（713），睿宗称大德高法善有功于己，于是拜其为鸿胪卿，封越国公，并请其居住在景龙观。天宝十三载（754），曾改景龙观为玄真观。后肃宗时还在观内设了百尺高座讲经台，请高德大道前来讲道论法、宣扬道义。

玉真观

玉真观是唐长安城有名的道观，是以玉真公主之名命名的，位于辅兴坊。

玉真公主是唐睿宗第九女，原被封为昌隆公主，是唐玄宗和金仙公主的胞妹。她20岁左右时，就与姐姐金仙公主以为母亲祈福为由，奏请其父同意其出宫做女道士。景云二年（711），在太清观主史崇玄的主持下金仙公主和昌隆公主在大内归真观入道。当时睿宗花费巨资，为其举行了盛大的入道仪式。两位公主一入道，便越过初级阶段，直接受灵宝法箓。入道后，睿宗改封昌隆公主为玉真公主，为她修建了极其豪华的道观，由同中书门下平章事窦怀贞亲自监修，公主之师史崇玄护作。

玉真观原是工部尚书窦诞的宅第，武后时为崇先府，景云元年（710）十二月七日，又将其立为昌隆公主观，公主改封玉真后，此观也便以玉真为名。经过一年多的修建，玉真观修成。建成后的玉真观璇台玉榭，宝像珍龛，极其华丽。观内仿造了蓬莱、瀛洲、方丈3座仙山，还修建了假山流水。公主虽入道观，但服侍用度一如皇家，相当奢华。玉真公主有一顶价值连城的玉叶冠，唐诗赞其"知有持盈玉叶冠，剪云裁月照人寒"，持盈就是玉真公主的名字。观内入住的除了公主，还有不少宫女和宫内的歌舞女郎。夜晚，道观笙箫和鸣，宫女翩翩起舞，似人间仙境。

玉真公主交游广泛，与当时的多位诗人交往密切，李白、王维、高适等大诗人均写有与她有关的诗作，李白还曾在玉真公主的别馆作过客。玉真公主的名气令她之后的许多大诗人对其念念不忘，卢纶、张籍、王建等诗人也都写有描写玉真观的诗作。玉真公主淡泊名利，一心向道，天宝三载（744），她上书请求去其公主封号，将百万家产全数捐出，以延年益寿。代宗宝应元年（762），公主逝世，安葬于万年县宁安里凤栖原。玉真观现已无存。

金仙观

金仙观是唐长安城有名的道观，是以金仙公主之名命名的。位于辅兴坊，与玉真观相对。金仙公主是唐睿宗第八女，原被封为西宁公主。她23岁时就与妹妹玉真公主以为母亲祈福为由，奏请其父同意其出宫做女道士。景云二年（711），金仙公主和玉真公主在大内归真观正式拜太清观主史崇玄为师。当时睿宗花费巨资，为其举行了盛大的入道仪式。

入道后，睿宗改封西宁公主为金仙公主，还为她修建了极其豪华的道观，由同中书门下平章事窦怀贞亲自监修，公主之师史崇玄护作。造观期间，恰逢水旱之灾相继，民不聊生，而此观与玉真观同时建造，耗资百万，动用役工无数，所以朝野震动，不断有大臣上书反对。太极元年（712）四月，唐睿宗不得已停修此观，但此时道观已基本建成。观内楼台阁榭，宛如宫殿。

除了长安城内的金仙观，后来还在长安区终南山子午镇西侧的子午峪内修建了金仙观下院，也称金仙观，观内建有金仙阁、御容殿等，宋代改名为子午金仙观。子午金仙观现在还保留有玄都坛、唐代摩崖石刻和左宗棠所建的石桥。观前溪水常流，四周树木葱郁，有如仙境。

2004年，根据历史记载对子午金仙观进行了恢复重建，使其略现往日风采。现在此观已成为中外道教界人士进行宗教活动的重要场所，尤其是吸引了许多韩国道教人士前来寻根问祖。

明圣宫

明圣宫位于西安市临潼区骊山西绣岭。

此宫始建于唐玄宗开元四年（716），宫内主要供奉的是大唐开国元勋谢映登仙祖。谢映登名谢科，字映登，是东晋大将军谢玄的第十代玄孙。谢仙祖出生于隋开皇十五年（595），隋朝末年时，他跟随李渊起兵，历时10年，身经百战，为大唐的创建立下了汗马功劳。唐朝建立后，谢映登功成身退。武德八年（625），他在终南山出家修道，后来隐居骊山，为人治病。仪凤元年（676），他得骊山老母点化而得道成仙。唐末，此宫毁于战火。

1992年，台湾爱国人士颜武雄等700余名道教信士，为报答仙祖的保佑之恩，同时也为表达爱国之情，自发筹集巨资，用10年的时间重建了明圣宫。

今日的明圣宫占地约4万平方米，内修有灵官殿、仙祖殿、财神殿和三清殿等殿堂300余间，建筑面积达5000余平方米，规模宏大，装饰精美，恢宏而典雅。

宫内供奉多位道教神祇，这些神像均采用江西小叶香樟木精心雕刻而成，形态逼真，栩栩如生。山门内还悬挂幽冥钟一口，逢道教斋醮法会时，可由司职道长依律撞击。另有天雷鼓一面，可与幽冥钟相互交击，祈求风调雨顺，国泰民安。此观目前在西北地区具有一定影响力，每年有无数信众前来进香参拜。

咸宜观

咸宜观是唐代长安城著名的皇家道观之一，位于唐长安城亲仁坊西南隅。

此观所在地原来是唐睿宗为藩王时的旧宅。唐代亲仁坊毗邻皇城和东市，是都城长安的"金盏之地"，公卿大臣和名门望族大多居住在此地，睿宗李旦为相王时就住在亲仁坊的西南隅。开元初，先是在睿宗旧宅为昭成、肃明皇后置庙，号"仪坤庙"，后来两位皇后先后被迁入太庙，仪坤庙便被改为道观，称"肃明观"，居道士。开元二十一年（733），楼观道的高道谏议大夫尹愔被玄宗任命为此观首任观主。尹愔是长安著名的道士，开元、天宝年间还被封为谏议大夫和崇文馆学士。尹愔之后，由其弟子范元接任观主。

宝应元年（762）五月，玄宗之女咸宜公主在此观入道，遂改肃明观为咸宜女冠观，而将位于安邑坊的太真女冠观改为肃明观，太真观并入咸宜观。咸宜公主是玄宗第二十九女，深受其父李隆基和母亲武惠妃的宠爱，她先后下嫁杨洄和崔嵩。

崔嵩死后，年逾花甲的咸宜公主决然入道，在咸宜观安度晚年。咸宜观自改名后，便成为女道士修行居住之道观，咸宜公主是第一任观主。受咸宜公主的影响，咸宜观成了当时长安仕女入道的首选之地。当时的女冠韩自明、李玄真、鱼玄机等人先后在咸宜观居住修道，使这所女观充满了传奇色彩。唐代的咸宜观殿阁庄严，装饰华美，景致迷人。其天尊殿中有唐代著名画家吴道子、解倩、杨廷光、陈宏等人绘制的精美壁画，笔力遒劲，精妙绝伦，令人叹为观止。精美的殿阁、迷人的景致，还有自由多才的女冠，吸引了无数士子前往此观，与女冠诗酒唱和，谈玄论道。唐代诗人李浑作《宿咸宜观》诗盛赞其美景："羽袖飘飘杳夜风，翠幢归殿玉坛空。步虚声尽天未晓，露压桃花月满宫。"遗憾的是，这座承载着大唐士女们精彩生活的道观，连同观内的盛景一起，在唐末战争中灰飞烟灭。

兴唐观

兴唐观是唐长安城著名的皇家道观之一，位于长乐坊西南隅，原来是司农寺所辖之园地。

此观初建于开元十八年（730），因当时玄宗急令建造此观，时间紧迫，原料难得，便拆掉了兴庆宫通乾殿及大明宫乘云阁、白莲花殿和甘泉殿，用所拆木材建造了兴唐观的天尊殿、门楼、精思堂和老君殿。唐朝诸帝对此观都极为重视，所以唐后期不断对其进行扩建和修缮。元和初年，宪宗赏赐银钱千万，命神策军中尉彭中献率300人对此观进行了修复和扩建，使其规模得以扩大。因此观紧邻大明宫，又拨付绢千匹、茶叶千斤，雇人修建了专供皇帝行幸此观的复道。另外赐钱上千万、杂谷千石作为斋醮之需。僧人广宣还写诗描述了元和年间（806—820）随皇帝沿复道驾幸兴唐观的盛况："东林何殿是西邻，禅客垣墙接羽人。万乘游仙宗有道，三车引路本无尘。初传宝诀长生术，已证金刚不坏身。两地尽修天上事，共瞻銮驾重来巡。"敬宗宝历二年（827），此观再次获得皇帝赏赐的两万贯维修费用，其道士孙准还被敕令入翰林待诏。根据《唐玄济先生墓志铭》的记载，唐敬宗还在此观设立了道学会，以弘扬道教。玄济原名曹用之，字道冲，曾担任左街道门威仪等职，他在唐敬宗时被选派到兴唐观设立的道学会讲论道法。

唐昌观

唐昌观是唐长安城内的著名道观，位于安业坊南隅，北与唐睿宗第七女鄎国公主宅第相邻。

此观得名缘自唐昌公主，唐昌公主是唐玄宗的第四个女儿，嫁给薛锈。薛锈出自河东薛氏，是唐睿宗的女儿鄎国公主与第一任丈夫薛儆的长子。唐昌公主嫁入薛家后，居住的地方就在安业坊，所以唐昌观可能就是唐昌公主之前的宅第。婚后不久，驸马薛锈卷入了太子李瑛谋反一案，被唐玄宗赐死，此时唐昌公主才24岁。夫君早死，她此后便郁郁寡欢，遂在开元二十六年（738）请求遁入道门，得到皇帝许可之后，唐昌公主便舍宅立观，并以封号为观名。此观虽为女冠观，但由于公主积极访求名工巧匠营建道观殿宇，又盛为装饰，所以极为华丽，在长安城诸多道观中显得相当独特。观中更为出名的是公主亲手种植的玉蕊花，玉蕊花在唐代非常有名，是京城长安稀有之花，只在唐昌观和宫禁栽植，每逢花开时节，好像琼林玉树，引得百官士庶纷纷前往观赏，并为其吟诗作赋。《全唐诗》中就有20多首专门描写玉蕊花的诗作，可见其在唐代文人心中的地位之高。给事中严休复写诗《唐昌观玉蕊花折有仙人游怅然成二绝》云："唯有多情枝上雪，好风吹缀绿云鬟。"当时的诗坛大家元稹、刘禹锡、白居易、张籍等人也都写诗吟诵唐昌观玉蕊花，与严休复相唱和。唐人的传奇小说《玉蕊院真人降》中还记载了元和年间（806—820），有仙人驾临唐昌观游玩赏花之事，这更使得玉蕊花在当时名扬天下。玉蕊花景观直到唐懿宗咸通年间（860—874）依然十分可观，但最终毁于黄巢起义的战火中，以至于后人终不知此花为何物。

太清宫

太清宫是唐长安城著名的皇家道观之一，位于大宁坊西南隅。

开元二十九年（741），唐玄宗敕令两京及诸州各置玄元皇帝庙一所。天宝元年（742），陈王府参军田同秀上书称在京城永昌街空中亲见玄元皇帝(唐奉李耳为始祖，追封其号"太上玄元皇帝"），玄元皇帝以"天下太平，圣寿无疆"传话给玄宗，并称在尹喜的故宅会有灵符。玄宗大喜，连忙遣人前往查找，果然找到灵符，于是在大宁坊置庙一所。同年九月，改庙为"太上玄元皇帝宫"。次年三月，又改名为"太清宫"。太清宫作为唐代长安道教与国家的礼制中心，自玄宗以后始终在国家祭祀中处于显赫地位。中唐以后，从全国各地应召入京的高德大道多被安置在此地。来自处州缙云县的高道吴善经就曾经被敕令为太清宫内供奉，内供奉随侍皇帝左右，可以自由出入宫禁大内，地位非常特殊。吴善经在当时长安道教界具有重要地位，他师从道门领袖冲虚先生申甫，学习三洞经法，并协助其全力搜集抢救道教经箓，使经历安史之乱后残缺不全的道教经典得以恢复。

除了道法精深外，吴善经交游广泛，与当时的权德舆、归登等官僚士大夫交好，颇受当时的文人士大夫礼遇。继申甫之后，吴善经与其弟子赵常盈先后担任天下道门威仪使，并受命执掌太清宫。文宗大和八年（834），麻姑仙师邓延康奉诏来到长安，隶籍于太清宫。会昌三年（843），衡山道士刘玄靖应召赴京时，也在太清宫小住。史载，唐时宫内有圣祖殿12间，内贡奉用太白山之白石雕刻的老子像，以及孔子和四真人像，并以玄宗、肃宗、德宗皇帝像侍立左右，而李林甫、陈希烈、杨国忠等像又侍立皇帝左右；每年四时及腊终之时还举行国家祭祀。大殿以东是御斋院，以西是公卿斋院，众道士居住在殿北的二斋院之间。除了雄伟的建筑，宫内还松竹相连，象征仙居。可惜这些现今均已无存。

华封观

华封观位于唐长安城平康坊内。

此观始建于天宝七载（748），是为永穆公主所立的道观。永穆公主是唐玄宗的长女，深受玄宗钟爱，下嫁给王繇。王繇去世后，公主出家。此地原是永穆公主之旧宅，其西北是梁公姚元崇的旧宅，东边是太平公主的旧宅。公主出家后，舍宅为观，连同其西北的原梁国公姚元崇的宅子和东面原太平公主的旧宅一并合起来，作为华封观的土地。唐代公主王公的宅院本来规模就很大，修建得又极其雄伟华丽，华封观一下子占据了3座宅院之地，其规模之大可想而知。此观之华丽在张说的《晦日诏宴永穆公主亭子赋得流字》一诗中显露无遗："堂邑山林美，朝恩晦日游。园亭含淑气，竹树绕春流。舞席千花妓，歌船五彩楼。群欢与王泽，岁岁满皇州。"可见此观内竹树环绕，百花斗艳，小桥流水，华美无与伦比。除了自然景观，此观内还保留了原有的亭台楼阁以及雕梁画栋，甚至还有一些丹青高手的画作，如其东北小院的屋门外北壁就有李昭所画的山水图。此观后来可能还一度改名为万安观。现已无存。

回元观

回元观位于唐长安城亲仁坊。

天宝九载（750），安禄山献俘入京，深受玄宗皇帝赞赏。为了表彰安禄山，玄宗敕令以御库钱为其在亲仁坊选择宽敞之地建造了一座极其华丽的宅第。宅内殿阁林立，宛若皇宫中的小殿，回廊环绕，精妙之极。安史之乱平定后，朝臣请求毁掉安禄山在京中的宅院。唐肃宗认为安禄山虽罪大恶极，但其宅院无罪，于是下令将其改为回元观，并在观内设太一天尊像。贞元十九年（803），德宗打算将回元观改为皇家园林，将太一天尊像搬往肃明观，但因搬迁时出现意外，没有搬成，回元观也得以保留下来。大和四年（830），唐文宗下令新铸铜钟一口，让女道士侯琼珍等人在玉晨观设坛祭祀。又用镇印、金帛、刀镜及诸朝臣、信众等所施钱物在回元观大殿前东侧的位置新修了一座钟楼，楼建好后，请几个力大者将此钟悬挂在钟楼上，钟声一响，极其悦耳。开成元年（836），由银青光禄大夫守尚书左仆射令狐楚撰文，著名书法家柳公权书写，邵建和镌刻了《大唐迴元观钟楼铭并序碑》。此碑于1986年在西安市和平门外出土，是现存柳碑中最完整的，现珍藏在西安碑林博物馆中。碑呈长方形，为青石质地，长124厘米，宽60厘米，厚18厘米。铭文41行，满行20字，共761个字，笔法遒劲，风采烁烁，展现了盛唐书法艺术之美。碑文记录了唐代回元观的历史沿革、安史之乱的情况，以及唐文宗赐钟给回元观的经过。碑文还描述了钟声的美妙，令闻者无不赞叹。

华阳观

华阳观原名"宗道观"，位于唐长安城永崇坊。

此观原是唐玄宗李隆基第八女兴信公主之宅第，后来公主将其卖给了剑南节度使郭英乂。郭英乂穷极奢靡，对住宅大肆改建。后因其在任上恃宠而骄，激起兵变，被崔旰杀死，其住宅也被官府籍没。大历十二年（777），唐代宗为给去世的华阳公主追福而将此宅改建为道观，并以华阳公主之号为此观命名。华阳公主是唐代宗第五女，自幼深得代宗喜爱。大历七年（772），公主因病出家为道士，号琼华真人。因公主久病难愈，唐代宗特地命高僧不空三藏将其收为养女。然而两年后，公主还是抱病去世，代宗追封其为华阳公主。此观之建制虽已不可考，但因其前身是兴信公主之旧宅，唐代公主之宅第本已极尽奢华，而兴信公主又生在盛唐时期，其宅院想必更是豪华。后来又加上穷奢极侈的郭英乂大肆改建，此观必然极其壮丽。与长安城的许多道观一样，此观虽居闹市，但清静优雅，是当时文人雅士喜欢居留之所。著名的大诗人白居易就曾在此观中居住过一年有余，并留下了多首吟诵此观的诗作，如《华阳观桃花时招李六拾遗饮》一诗："华阳观里仙桃发，把酒看花心自知。争忍开时不同醉，明朝后日即空枝。"而当时与他一起居住在此观的还有燕郡太守卢道将之后卢周谅。从白居易的诗句中可知，此观遍种桃花、槐树和竹子等花木，桃花开时灿若红霞，正是邀朋唤友、把酒赏花的好时节。除了白居易，元稹、牛僧孺等人早年未登第前也都曾在此观居住，可见此观在唐中期曾是应试举子在长安的聚居之地。

乾元观

乾元观位于唐长安城长兴坊。

此观原是泾阳节度使马璘在京城的旧宅。马璘久居边关，防御外敌，国家对其极为倚仗，因此厚赏无算，使马璘积聚了丰厚家财，马璘遂在京城建造了一所宅院。建宅时，他重金招募天下能工巧匠，将宅第营建得富丽堂皇，极其奢华。

仅修建中堂就花费 20 万贯钱，其他厅堂花费也不在其下。后来马璘在军中去世，儿子们护送他的灵柩归葬京师，朝中士庶官员多假称故人前往祭拜，只为一睹其豪华奢丽的中堂。马璘临终前将其宅第献于官府。代宗看其屋宇华丽整洁，遂在大历十三年（778）七月，将马璘旧宅改作乾元观，用来为其父唐肃宗追福，乾元即是肃宗年号。此次改建工作由时任道门威仪的申甫主持，观内置道士 49 人。申甫是当时的一位道教大德，博学多才。安史之乱后，两京宫观毁坏严重，道经多被焚烧，申甫多方搜索，并组织人对道经进行了缮补，才使《道藏》恢复旧观。当时无论是长安新置道观，还是规定国忌行香的道观，都是由他负责的。唐德宗还是太子时，对马璘建造宅院逾越礼制之事早有耳闻。他登基后，再次明令官员建造房屋不许逾越礼制，并下令将马璘所建之中堂拆毁，此后官方赐宴，多在马璘所建之山池。

玉晨观

玉晨观又名玉宸观，是唐代著名的内道场，主要为皇帝和后妃宫女服务，位于唐长安城大明宫紫宸殿后。

此观建置的具体年代不详，但最晚在宪宗元和年间（806—820），此观已经成为宫内一处重要的道教场所。玉晨观在唐宪宗、穆宗、敬宗、文宗四朝，都很兴盛。皇帝在此观修斋设醮、敬修功德，后妃宫女在此礼拜天尊、听讲道经。玉晨观是一处女道观，其修行者多为女道士。唐代有多位女道士曾留居此观。元和十四年（819），唐宪宗召女道士田元素入宫，宪宗一见她，就备感惊讶，特地在玉晨观为她修了宅院供其居住。在听她开坛讲道之后，宪宗更是百般叹服，赏赐章服、玳瑁冠、玉簪等物。除了宪宗，宫中其他人也喜欢听她讲道。每次她讲说时，宫中妃嫔率宫女等数千人前来听讲。这些人或捐衣服，或捐珍宝，或愿为其弟子者，多不胜数。田元素生病，太后亲自命御医前往诊治。大和三年（829），田元素逝于玉晨观私院。死后亦是备享荣宠，太后和皇上都为其神伤，还赐绢钱等物为其治丧。大和初，唐文宗召上清大洞三景法师韩自明入居玉晨观。开成二年（837），唐文宗又召麻姑山女道士庞德祖到玉晨观居住。

唐人诗文中提到此观的也不少，如唐元稹的《寄浙西李大夫四首》诗曰："禁林同直话交情，无夜无曾不到明。最忆西楼人静夜，玉晨钟磬两三声。"其中"玉晨"指的便是玉晨观。晚上在大明宫的翰林院中值夜时，能听到玉晨观传出的钟磬声，也表明此观距翰林院不远。

望仙观

望仙观或称望仙台，是唐代内道场之一，位于唐长安城大明宫清思殿西。

此观是唐武宗为了方便向道士赵归真学习神仙之术，在大明宫中所修的道观。此观始修于会昌三年（843），会昌五年（845）完工。望仙观修好后，又在旁边修建了望仙台。日本僧人圆仁在他的《入唐求法巡礼行记》中描述望仙台高达150尺（约45米），上头周圆，与7间殿基齐，上起五峰楼，皇宫内外之人都可以远远看见。除了望仙台，望仙观内还修有降真台。降真台建于会昌五年，装饰极尽华丽。其内部用百宝屑涂地，楹槛饰以金银，看上去晶莹闪烁。

殿内还有数以百计的珍品，如玳瑁金帐、火齐床、香炉里焚烧的龙火香、无忧酒等等。室内还有两株灵芝，状如红玉；帐侧放有渤海国所出的玛瑙柜及紫瓷盆。玛瑙柜方约1米，精巧无比，用来贮放神仙之书；紫瓷盆纯紫色，厚寸余，容量大约为半斛，内外晶莹通透，举之轻若鸿毛。武宗深爱紫瓷盆之光泽，专门用其和神仙之药。这些都是外国献给皇室的珍贵贡品，武宗把它们尽数放置在降真台，以显示对神仙的虔诚。为了祈求道家各位神祇的保护，武宗还经常斋戒沐浴，亲临此台祝祷。

除了望仙台与降真台，望仙观内还有其他规模宏大的建筑群，仅望仙楼和廊舍就有539间。建筑雄奇精巧，如鬼斧神工。观内假山高耸，有用从终南山搬来的盘石做成的四山崖龛窟盘道。整个观内装饰精美，到处栽有松柏和一些奇珍异树。

会昌五年七月，唐武宗宣布废佛；十月，武宗受三洞法箓于刘玄靖。第二年，武宗因服食仙丹而死。唐宣宗即位后，杖杀了赵归真，诛杀刘玄靖等12人，并拆毁了宫中的望仙观。大中八年（854），宣宗诏令修复望仙台，被朝臣上书阻止，遂将其地改为"文思院"。

龙兴观

唐代长安城先后存在过3座龙兴观，分别位于唐长安城崇化坊、务本坊和永崇坊。

其中位于崇化坊的龙兴观在唐代数易其名。其始建于贞观五年（631），当时太子承乾有疾，太宗敕令道士秦英为其祈祷。太子病愈后，便建立了西华观。武则天垂拱三年（687），改名为"金台观"；神龙元年（705）中宗又将其改为中兴观，神龙三年（707）又改为龙兴观。但此后何时废止，并不清楚。

位于务本坊内的龙兴观，原是房玄龄的旧宅，景龙二年（708）闰九月十三日，韦庶人将其改立为道观，并命名为"翊圣观"；景云二年（711），将其改为景云女冠观；天宝八载（749），又将其改为龙兴道士观；至德三载（758），又改名为"光天观"。

位于永崇坊内的龙兴观出现的时间较晚，至少是在中唐以后才出现。

道教在唐代的地位相当显赫，而道观以"龙兴"为名者，更显其地位之重要。开元二十四年（736），经唐玄宗批准，长安城中的道士在位于崇化坊的龙兴观内设斋发扬御书《道德经》。夜晚时，众亲王、宰相及无数朝官都到此行香、献食，场面极其宏大。遗憾的是，这3个道观今均已无存。

归真观

归真观是唐代著名的内道场，主要为皇室成员服务，位于唐太极宫安仁殿北。

唐睿宗景云二年（711），金仙、玉真两位公主曾在此观出家修道。当时两位公主的入道仪式盛况空前，其受戒之坛高一丈二尺，以金莲、紫金、青丝等环绕，坛东南西北各用不同色泽的锦缎和羽毛为席褥，五方案则用金龙璧镇住，仪式中所用金、银、玉器及道教常用的笔、墨、纸、香炉等更是不计其数。另外还有各种图案神奇的幡和各种象征的灯。仪式结束后，两位公主将仪式上使用过的床卧几褥、音乐器具等全部施舍出去，价值超万贯。两位公主盛大的入道仪式在当时引起了极大的轰动，不少诗人都作诗吟诵此事。

灵泉观

灵泉观位于陕西省西安市临潼区。

此观始建于后晋高祖天福年间（936—942），由华清宫改建而来。华清宫是唐代帝王游幸的别宫，其背山面水，风景秀美，规模宏大，建筑奇伟。唐代诗人白居易曾有诗赞曰："高高骊山上有宫，朱楼紫殿三四重。"唐中期以后，华清宫规模达到了极盛，唐玄宗尤其喜欢来此地游幸，有"十月一日天子来，青绳御路无尘埃"之名句。唐后期，战乱频起，华清宫也日益衰落,其亭台楼阁也多毁于兵乱。后晋高祖时,将被破坏的华清宫改建成了灵泉观,赐予道士管理居住。宋代时,此观已经十分破败,到处都是乱草。元世祖中统二年(1261),赵志古等人用了15年的时间将华清宫整修一新,建起了三清殿等8座大殿,以及朝元、冲明二阁和九龙、芙蓉等汤池。康熙四十二年(1703),康熙帝西巡时也在华清宫小住过,并对其进行了重修。现在华清池的古建筑,就是清朝重建后保留下的。1956年华清池被列为陕西省重点文物保护单位,1996年又被列为全国重点文物保护单位。其遗留下的北魏三道士石刻等文物也得到了很好的保存。现在,政府对华清池进行了大规模的重修和扩建,使其重现往日风采。

华清宫

东岳庙

东岳庙是昔日西安著名的道教庙宇之一，位于西安市长乐门内北侧昌仁里。

此庙始建于宋政和六年（1116），是陕西地方为祭祀泰山神灵而修建的道观。泰山古为东岳，是五岳之首，各地多有修建东岳庙的。元代庙宇被毁，明弘治年间（1488—1505）、万历十年（1582）及清光绪二十一年（1895）都曾经对其进行扩充修葺，使其规模日益扩大。明朝时，庙内还有老子、释迦牟尼和孔子的塑像，反映出中国传统的儒、释、道三教并重及相互融合的观念。清朝初年，为加强对城市的控制，在各地分驻八旗兵，建立起"满城"。西安的东岳庙可能就在满城内，或离满城不远。当时的满族青年在婚嫁前，都会在男女双方亲属的陪同下在东岳庙相见，所以清代的东岳庙香火尤其旺盛。昔日的东岳庙规模很大，占地约1.6万平方米，庙中有大殿、中殿和后殿等共计百余间，每个殿里都有雕塑和壁画。大殿前有石牌坊、石狮子和记载此庙历史的石碑等。其中石牌坊是明万历七年（1579）立的，上面刻有"岱岳尊崇"四字。民国以后，东岳庙日益衰败。1949年后，此庙被改建为小学。

现在东岳庙还保存有明清时期修建的大殿和后殿，殿外廊庑相绕，有24根朱红色的柱子。柱子上刻有二龙戏珠和花卉的浮雕，精巧细致，栩栩如生。虽然殿内神像已荡然无存，但还有一些元明时期的珍贵壁画和明清碑刻保留下来。1956年，此庙被确定为陕西省第一批重点文物保护单位。

化羊宫

化羊宫又称化羊庙、华阳观、东岳庙等，位于西安市鄠邑区东南的化羊峪口。

此宫始建于宋代，明清时期多次进行重修。化羊宫不但是京城附近的名庙，宫内还曾开设有学馆，教授生徒。化羊宫原来建筑宏伟，规模很大，拥有房屋130多间，现保留有49间，其中主要建筑为东岳献殿，它是化羊宫建筑群中年代最早的建筑物，保存较为完好。献殿建筑面积达107平方米，始建于明初，却充分体现了元代建筑的风格。殿内供奉的东岳大帝是道教的泰山神，左边配享的是文昌君，右边配享的是宋朝"关中第一状元"杨砺。正殿前原有一通元代的《阿难答秦王令旨》石碑，高2.37米，上面用蒙汉两种文字书写。碑文是元至元十九年（1282）安西王阿难答颁发的一道令旨，宣布华阳谷东岳庙里的房舍、园林等均受到保护。此碑现藏于鄠邑区文庙。另外还有一通明景泰三年（1452）立的《重修古迹东岳庙记碑》以及一通明嘉靖十一年（1532）立的《化羊峪补修东岳庙记》石碑，记载了此庙在明朝的修缮情况。如今的化羊宫是省重点文物保护单位，宫内除保留有东岳献殿外，还有新修的金刚殿、戏楼、菩萨殿、东岳殿等，庄严古朴。化羊宫山门正中悬挂的匾额上写着明代学者王九思对此宫的赞辞："吾户山水之胜，兹地为最。"两旁木匾楹联写着："终南山下敕建宇宙尊东岳；扈阳谷中流传石头曾化羊。"每年农历正月二十、六月初十此宫都会举行为期10天的庙会，届时会有数万善男信女燃炮鸣锣，前来焚香叩拜。

万寿八仙宫

万寿八仙宫简称"八仙宫",是西安目前规模最大、保存最完整的道教观院,位于西安市东关长乐坊,属唐兴庆宫局部故址。

此观原名"八仙庵",始建年代不详。有说是吕洞宾被汉钟离点化后悟道之处;亦有说是宋代有位姓郑的书生在长乐坊遇到八仙显灵,于是建此庵进行祭祀。据此可推断此观建造时间最晚不超过北宋。金元时期,道教全真派盛行,在此观基础上大兴土木,扩建殿堂,并取名"八仙庵"。明宪宗成化年间(1465—1487),秦府永寿王因夜梦八仙,遂对此庵进行了全面维修,并亲笔题写了"蓬莱"匾额。明朝时,八仙庵已成为西北地区道教的重点宫观,是西北道教徒修习的主要场所。清朝时,在任天然、乔清心等历代住持的努力下,筹资对此庵进行了多次扩建维修,使其达到了极盛,占地近6万余平方米,宫内殿堂林立,香火不绝。慈禧太后和光绪皇帝避难西安时曾在八仙庵小住,并拨款对其进行了整修扩建,还颁赐了匾额,敕名为"西安东关清门万寿八仙宫",万寿八仙宫因此而得名。民国时期,杨虎城主持陕西政务,对此庵进行了大力保护,筹资将庙宇整修翻新,使此庵的规模基本定型,形成中路殿宇、东西跨院及西花园等4组建筑。到民国末年,此庵成为西安地区最大的道观,不但拥有48万余平方米庙产,常住道士上百人,还将长安三角坡长春堂、会真庵等小庙收为下院。"文化大革命"中,八仙宫受到巨大的冲击,经籍文书大部分被焚毁,碑石、造像等也散失殆

八仙宫

尽，宫观建筑也分别被多个单位占用。20世纪80年代，八仙宫被国务院批准为道教全国重点宫观，后进行了全面维修，基本恢复了往日的风采，成为全国道教徒向往的圣地。

湘子庙

湘子庙传说是八仙之一的韩湘子的故居，位于西安南门里的湘子庙街，是西安城内现存的唯一道教祖师庙。

此庙始建于宋朝，也有观点认为始建于五代时期，也有传说这里是韩湘子出家之地，因而在全国的十多处湘子庙中被视为湘子文化的发源地。据说韩湘子当年住在其叔祖韩愈家，为了专心修道，曾修筑了一个地下密室居住，后世称为"湘子洞"。1949年后，人们在湘子庙内挖防空洞时，发现了一个高约2米、占地约6平方米的暗室，疑为当年的湘子洞，现在的湘子庙下此洞仍然存在。元明时期，此庙达到全盛，也奠定了其基本的建筑格局。从明末到民国初年，此庙一直香火旺盛，后来在战乱中，其殿堂被损毁。民国时期，此庙被长期占用。2005年，此庙进行了修复工程。为了恢复湘子庙的原貌，修复工作全部采用传统工法。修复好的湘子庙为砖木结构，占地1600余平方米，东西长88米，南北最宽处7米，由寺庙区、南院和北院组成。寺庙区分为前后两部分，前半部分是广场、山门、香泉和灵官殿，后半部分是湘子殿。整个道观整齐有序，造型精美、古朴清逸，吸引了无数游人前来参观，领略道教神韵和湘子文化。农历十一月初九为湘

湘子庙

祖诞辰日,每年的这一日前后,湘子庙都要举行为期3天的祈福迎祥大法会,祈祷国泰民安。

重阳宫

重阳宫又称"重阳万寿宫""祖庵",居全真道三大祖庭之首,享有"天下祖庭""全真圣地"之盛名,位于西安市鄠邑区祖庵镇。

重阳宫是全真道祖师王重阳的故居,他早年在此修道,此后也归葬这里。王重阳是陕西咸阳人,出生时正值金人入侵、国家危亡之际。他早年有志于抗金,可惜南宋偏安江南一隅,无心北顾。抗金失败后,王重阳在南时村挖地穴居,称为"活死人墓",开始了修道生涯。修道7年后,他焚烧故居,前往山东传教,招收了七位弟子,即道教史上有名的"全真七子"。王重阳主张儒、释、道三教合一,以"三教圆通,识心见性，独全其真"为宗旨，创立全真道，被尊为"北五祖"之一。王重阳归葬祖庵后，他的弟子丘处机于金大定二十五年（1185）在当地建造宫观，由另一弟子马钰手书"祖庭"二字悬挂于宫内，后来全真教徒就尊称该观为祖庭。金章宗承安年间（1196—1200），此观得到修复，并被赐额"灵虚观"，其规模已远非昔日可比，后在金末战争中全被焚毁。元朝时，全真道祖庭及关中被毁道观进行了修复。此观名改为"重阳宫"，并增建殿宇楼阁5000余间，南至秦岭，北近渭河，规模宏大，云集道士近万人，成为当时关中西部最大的道教宫观。明清以后，此观屡遭毁坏，宫院逐渐缩小。现在的重阳宫原有建筑均已被毁坏，只留下清代重修的七真殿和灵官殿，以及元代以来的道教石刻文物80余件，许多碑文是由赵孟頫、韩冲、王重阳、尹志平等名家书写的，其中最出名的

重阳宫

是赵孟頫手写的《敕藏御服碑》《孙真人道行碑》《七真人图像碑》及一些八思巴文石碑。这些石刻文物记载了全真派的发展历史及其教义等，是研究全真教的重要资料。1962年，当地政府将这些碑石集中至玉皇殿旧址，建立"祖庵碑林"，使其得到妥善保护。

都城隍庙

西安的都城隍庙是全国三大城隍庙之一，位于西安市西大街大学习巷东侧，是市内仅存的两座道观之一。

城隍是民间和道教信奉的守护城池的神仙，一般由有功于当地的名臣英雄充当。西安的都城隍庙创建于明洪武二十年（1387），是由朱元璋敕令修建，由其次子秦王亲自负责监修的。此庙原址在东城门内九曜街，是在唐代辽王府的基础上扩建而成的，明宣德八年（1433）后迁移到今天的地址。因为此庙统辖西北诸省的大小城隍，是级别最高、影响最大的，所以被称为"都城隍庙"。清代此庙经多次修缮后，规模宏大，殿宇辉煌，可惜雍正元年（1723）毁于一场大火。同年，时任川陕总督的年羹尧用拆除明代秦王府的木料、砖瓦等又重建了此庙，重修后的庙宇规模宏大、雄伟壮观，饰有琉璃浮雕，图案精美，既是建筑艺术的宝库，也是道教文化的圣地，常年香火旺盛、信徒云集。1942年，日军轰炸西安城，城隍庙被炸弹击中，被炸毁的藏经阁中珍藏的明代珍贵文物字画、道教经典等大量物品尽数被毁。大殿东北角和后檐等被炸的部分至今还留有弹孔。1949年后，此庙重新得到重视，其保留的脱胎于唐代宫廷音乐的城隍庙鼓乐也成为珍贵的历史文化遗存。1961年，城隍庙住持安来绪道长率众应邀去北京演出，受到周总理的热情接见，安来绪道长也被载入《世界音乐大辞典》。2001年，此庙作为明清时期的古建筑，被列入国家级重点文物保护单位。2003年，西安市政府对此庙进行了系统修复，恢复了其往日的雄姿。现在此庙还保存有雍正年间（1723—1735）修筑的一座大殿，殿内有城隍、判官、小鬼等塑像。庙外原有一对明朝嘉靖三十八年（1559）铸造的铜狮，现在被移至他处。

都城隍庙

玉蟾台刘海庙

玉蟾台古称"刮牛台",位于西安市鄠邑区城西的曲抱村。

此庙是全真道祖师刘海蟾(即刘海)的修道之处。相传太上老君经过玉蟾台时,用轩辕剑刮洗青牛身上的泥污,所以也叫"刮牛台"。后来刘海真人在此处修道收服金蟾,遂又更名为"玉蟾台"。民间有谚语:"刘海生来有仙根,家住户县曲抱村。玉帝爷家亲封过,封我四方活财神。"玉蟾台上建造的庙宇就是刘海庙。

刘海蟾原名刘操,是五代时人,崇尚黄老之学,偶遇道士正阳子点化,因而辞官出家,号为海蟾子。后又遇到吕纯阳,遂以其为师,在终南山修道,最终得道成仙。刘海得金钱后又撒钱降福人间,感动了玉帝,被封为赤脚大仙,位列下八仙。民间因享其利、感其恩而尊其为财神。道教全真道将其奉为五祖之一。元世祖封其为"明悟弘道真君"。

玉蟾台历经了宋、元、明、清,屡遭兵火损毁。"文化大革命"时,此地庙宇房舍多被毁坏。2006年,全真教龙门派弟子匡崇然来到此台,在匡道长的努力下,刘海庙道院得到了修复。现建有三清大殿5间、刘海庙3间、五圣宫3间和若干厢房等,台南还有刘海戏金蟾的三角金水池和古桥遗址。

其他类寺院

大秦寺

大秦寺位于西安周至县城东南 20 千米的终南山北麓楼观镇塔峪村，曾是历史上基督教传入中国最早的寺院之一。

公元 7 世纪中叶，基督教聂斯脱利派传入中国内地，被称为"景教"，因唐时称罗马为大秦国，所以又称该教为"大秦景教"，称景教寺院为"大秦寺"，也叫"波斯寺""罗马寺"。由于初唐几位皇帝的重视、崇信与保护，景教迅速发展，达到了"法流十道""寺满百城"的程度。会昌五年（845），唐武宗灭佛，祸及景教，传教士全部被驱逐出境，景教寺院关闭。之后，佛教、道教等其他宗教入主大秦寺。清嘉

大秦景教流行中国碑

庆年间白莲教起义军转战周至,焚毁了寺院,唯独留下了大秦寺古塔。大秦寺古塔七层八棱,为楼阁式空心砖塔,造型古朴,建筑风格独特,塔二层以上有木梯。大秦寺塔中,东西方的装饰风格和元素和谐共存,是研究古代中西文化交流不可多得的珍贵资料。

有学者认为,在周至大秦寺出土了唐代的景教碑刻《大秦景教流行中国碑》(还有一些学者认为此碑出土于明代西安城西崇仁寺)。此碑于唐德宗建中二年(781)立于长安义

大秦寺塔

宁坊大秦寺，后因唐武宗灭佛而被埋没地下，明天启年间出土。碑文由波斯传教士伊斯（景净）撰写，朝议郎吕秀岩书，共1700多个汉字及数十个叙利亚文。碑文记述了景教在唐朝的流传情况，表现了唐代包容、自由、开放的社会环境，对研究古代中外文化交流、基督教在东方的传播具有重要意义。

后 记

　　西安是享誉世界的历史文化名城，具有深厚的文化积淀，特别是其宗教文化的播迁、衍变源远流长。作为周、秦、汉、唐的政治中心，西安及周边地区兴建了大量的佛寺宫观，其中许多都是知名的祖庭，对当时的中国乃至东亚世界其他国家的宗教发展都产生了深远的影响。时光流逝，这些宗教建筑虽大多已经损毁，但仍有一些保留到了今天，如大雁塔、小雁塔、大兴善寺、青龙寺、八仙庵、楼观台等。这些宗教建筑遗存以其恢宏的气势、独特的风格、高超的艺术成就、无可比拟的文物价值，展现着西安曾经辉煌灿烂的宗教文化风采。目前，在弘扬优秀中华传统文化的理念下，学术界对西安古城的宗教文化已经有了深入研究，包括对宗教历史的探索和宗教遗址的发掘。由于这些研究成果具有很强的学术性，故较难走入普通民众家。为了更好地理解和传承古城文化，笔者欣然接受了西安曲江出版传媒股份有限公司的邀请，撰写了此书，以飨读者。

　　笔者于 2010 年毕业于陕西师范大学，后至咸阳师范学院工作至今。不论是学习阶段还是工作阶段，一直都没有离开脚下这片热土，对陕西情有独钟。近年来，笔者一直致力于陕西科技文化的研究，已主持和参与完成了多项与陕西文化有关的国家和省级科研项目，撰写和发表了多篇相关学术论文，具有一定的学术积淀，为本书的撰写工作打下了基础。

在撰写本书时，笔者充分吸取了前人的学术成果，采用简洁的文字，并配以精美的图片，使全书通俗易懂、图文并茂，向世人展现宗教文化名城西安的过去和现在，全方位地展现这座古城的风采。当然，受个人学识水平和本书字数的限制，还有一些佛寺宫观未能写入，请读者给予谅解。另外，书中如有不妥之处，恳请各位读者不吝指正。

最后，我要诚挚地感谢杜文玉教授和西安曲江出版传媒股份有限公司的乔编辑。杜教授对本书给予了大力指导，并细致审阅、精心修改。在本书的撰写过程中，乔编辑给予了充分的理解和大力支持，才使本书得以顺利完成。

王颜

咸阳师范学院资源环境与历史文化学院

2017 年 11 月 10 日